Sacada
del Polvo

Sacada del Polvo

Alguien poco probable para ser misionera

Por Avis Goodhart
con
Marti Pieper

ANEKO Press

Sacada del Polvo – Avis Goodhart
Copyright © 2015
Primera edición 2015
Todos los derechos reservados. Ninguna porción de este libro puede ser reproducida, grabada en algún sistema de edición, o transmitida en cualquier forma o por algún medio—electrónico, mecánico, fotocopia, grabación, o cualesquier otro medio de amplia difusión—excepto en el caso de breves citas en revisiones impresas, sin la autorización expresa del editor.

A menos que se indique lo contrario, todas las citas bíblicas son tomadas de la Biblia, versión Reina Valera, revisión 1960° Usada con permiso. © Sociedades Bíblicas Unidas.

Diseño de la carátula: Amber Burger
Traducido al español por: Auden Luan

Impreso en los Estados Unidos de América
Publicado por LIFE SENTENCE Publishing, LLC
203 E. Birch Street
P.O. Box 652
Abbotsford, WI 54405
10 9 8 7 6 5 4 3 2 1
Originalmente publicado en inglés por LIFE SENTENCE Publishing, LLC con el título: *Out of the Dust*
Paperback ISBN: 978-1-62245-244-6
Ebook ISBN: 978-1-62245-245-3
BIOGRAFÍA & AUTOBIOGRAFÍA / RELIGIOSO

Los detalles en algunas anécdotas e historias han sido cambiados para proteger la identidad de las personas involucradas.

"¹⁰Y si dieres tu pan al hambriento, y saciares el alma
afligida, en las tinieblas nacerá tu luz,
y tu oscuridad será como el mediodía.
¹¹Jehová te pastoreará siempre, y en las sequías
saciará tu alma,
y dará vigor a tus huesos; y serás como huerto
de riego, y como manantial de aguas,
cuyas aguas nunca faltan".
Isaías 58:10-11

Yo creo que antes de nacer, Dios pone dentro de nosotros una personalidad particular con ciertas cualidades, talentos y características que define nuestro carácter. También, Él escoge a nuestros padres y hermanos. Yo estoy muy agradecida de pertenecer a la familia que Él me escogió.

Dedico este libro a mis hermanas y hermanos Rada, Bob, Art (fallecido) Fred, George y Carol; y a mis hijos biológicos Tía y Mark; y por matrimonio a Glen (fallecido), a Cindy, y a Cleta.

También lo dedico in memorian de mis padres Bob y Elise Miller. Como alguna vez dijera Papá: "Toda esta gente es feliz porque yo amé a Elise y ella me amó a mí.

Avis Goodhart
Pacasmayo, Perú

Contenido

Reconocimientos XI
Prólogo XIII
1: Preparando el Camino... 1
2: Creciendo Diferente 9
3: De Nuevo en la Carretera.. 17
4: Indecible 25
5: El Amor Nunca Falla 33
6: Más Crecimiento 41
7: Más Allá de "Sí acepto" 49
8: La Desesperación y la Liberación 57
9: Enseñando y Aprendiendo 65
10: Redención 73
11: Derribada 81
12: Pero no Destruida 91
13: ¡El Huracán! 101
14: Las Montañas de Bendición 115
15: Ve de Todas Maneras 123
16: El Legado 133
17: La Casa de Paz 141
18: La Generación de Líderes 149
19: Oh, Canadá 157
20: No Malgastes tu Dolor 165
21: De Cuatro a Nueve 173
22: El Poder de las Mujeres 183
23: Colaboradores en el Ministerio 189
Epílogo: Go Ye 197
Información de Contacto 199

Reconocimientos

Dios debe haber querido que se escribiera esta historia, y si no fuera por Él, nunca se hubiera escrito. Como muchas de las cosas a las que Él me ha llevado a hacer, pues yo me sentía incapaz de hacer el trabajo. Pero por medio de Él, todo lo podemos hacer.

Cada vez que tuve el placer de ser invitada para estar en el programa de televisión '*100 Huntley Street*', con Moira Brown, la anfitriona de '*Crossroads*', me decía: "Tú tienes que escribir un libro". Estaban conmigo dos parejas: Jim y Cathy Johnson y, Tony y Mary Ann Geisen, ellos ya habían escuchado a Moira y fueron los que me llevaron a la estación de televisión y estaban viendo el programa en vivo.

Eso fue todo lo que Jim necesitó. Él comenzó a buscar un escritor. De hecho, a la semana siguiente, llamó al programa y preguntó si ellos conocían a alguien que pudiera ayudarnos. Por esta razón nos llevó hasta Marti Pieper, quien es ahora una buena amiga y co-autora del libro: '*Sacada del Polvo*'.

Tony y Mary Ann, viven la mitad del año en Canadá y la otra mitad en Perú. Todos los domingos en la tarde, invitaban a todos los voluntarios del Orfanato a la '*Casa de Paz*' a un maravilloso almuerzo y para tener compañerismo. Luego de escuchar lo que Moira había dicho acerca de escribir un libro, idearon un plan. Cada domingo después del almuerzo, ponían una pequeña grabadora frente a mí y me hacían algunas preguntas. Mary Ann era la que transcribía todo lo grabado de aquellas sesiones.

Después, Bettina Neubauer, otra voluntaria de Canadá, pasó varios días conmigo para poner en orden todo lo que Mary Ann había escrito, a la vez que añadíamos más testimonios. Para cuando Marti llegó a Perú, ya teníamos 130 páginas de notas para compartir. Marti y yo nos hicimos amigas muy rápido mientras que avanzábamos en el escrito trabajando ambas. Con Marti, íbamos juntas durante las siguientes dos semanas, haciendo lo que yo hacía y entrevistando a todos lo que encontrábamos en el camino. Después, ella regresó a su casa, para comenzar el trabajo y empezaron las llamadas telefónicas. De verdad ya estaba sucediendo ¡Gloria a Dios!

También quiero agradecer a todas las personas que me acompañaron en aquellos primeros viajes misioneros a las montañas de Honduras, a la selva colombiana, y por la Amazonía y la Sierra del Perú. Dios bendiga a Daniel Ortega, Helen Blair, Steve Claypool, Fred y Peggy Miller, George y Mary Miller, y a muchas más personas. Dios nos bendijo al ministrar a los demás.

También, quiero darle muchas gracias a Lorene Vickery quien es la que guarda en orden los archivos de 'Go Ye Ministries' y fue la que empacó tantas cajitas de zapatos que bendijeron a miles de niños a través de los años.

Dios bendijo mucho a 'Go Ye Ministries' y a mí por medio de Rachel y Herb Cypert, Al y Charlotte Lockhart, Helen Blair, Jim y Cathy Johnson, el Pastor Jeff McCracken, Mike y Jan Bayton, Mary Ann y Tony Giesen, Roseana Giegler, Emma Mier, Arada y George Steinann, George y Mary Miller, Fred y Peggy Miller, Kevin Guier, Mike y Mary Ann Traylor, Roger Bill y Ruth Remington, Bruce Goulding, Mandy Kauer, Tammy Dicken, Jana y Wayne Salley, y la lista continuaría. Dios los conoce y Él les bendecirá.

Muchas gracias también a tantos niños y familias a las que Dios me ha permitido servir a través de todos estos años. Ustedes tienen mi corazón y mis oraciones siempre.

Avis Goodhart
Pacasmayo, Perú

Prólogo

"Escribiré todas estas cosas como un testimonio de lo que Jehová hará" (Isaías 8:16a Versión NTV).

Se ha dicho que la única historia que Dios no puede usar es aquella que no se ha contado. Durante 26 años, ha sido mi gozo y privilegio ayudar a la gente a contar sus historias de Su fidelidad en la Televisión Cristiana Nacional. Después de su primera aparición en el programa *100 Huntley Street*, yo reconocí que la experiencia de Avis Goodhart tenía que ser escrita y detallada en un libro.

Tenemos aquí una mujer que pudo haber sido derrotada por los fracasos de su pasado y las funestas realidades que le tocó vivir, pero en lugar de ello, nos ha demostrado la verdad de 1 Corintios 1:27, el poder de Dios se manifiesta en su máxima expresión en las personas débiles. Avis no da lugar para dudar que Dios tenga un buen plan y el poder para cumplirlo. Como ella misma dijo en nuestro programa: *"Dios puede usar a cualquiera para hacer cualquier cosa; solo necesitamos estar dispuestos a seguirle a donde Él nos guíe. Dios usará las cosas de nuestro pasado: las heridas, las personas sin hogar, el abuso; como también una buena vida familiar, la educación, y el dinero. Todas estas cosas pueden ser herramientas que Dios usará si se las entregamos a Él"*. Dios me estaba llamando: *"Ve… Yo te mostraré lo que debes hacer una vez que llegues allí"*.

Cuando los efectos de la parálisis de Bell (Parálisis Facial Periférica) le costó a Avis su trabajo como docente, se retiró recibiendo apenas una pensión de dos tercios de su salario, hasta la edad de sesenta y cinco años, proveyendo los fondos iniciales para comenzar "Go Ye Ministries". Esta catapulta que Dios usó, le permitió a Avis disponerse en el Ministerio para incorporarse, y prepararse en la organización de la Iglesia, el Orfanato y la Escuela que ella fundó en la ciudad de Pacasmayo, en Perú.

En medio de la perdida y el desaliento, Dios volvió a encender el llamado a las Misiones que Avis sintiera por primera vez a los doce años. Este testimonio nos recuerda a todos que nunca es demasiado tarde para comenzar de nuevo y tal vez descubrir nuestro destino y propósito.

"Él levanta del polvo al pobre, y al menesteroso alza del muladar". Salmo 113:7

Moira Brown
100 Huntley Street
Toronto, Canadá

CAPÍTULO UNO

Preparando el Camino

Las cosas preciosas siempre tienen un alto precio. Esto explica el porqué la mayoría de las grandes decisiones en mi vida han comenzado con una batalla espiritual. Mi viaje hacia las Misiones no fue la excepción.

Se podría decir que soy de las lluvias tardías. Me casé a los dieciocho años y tuve mi primer bebé antes de mi decimonoveno cumpleaños, pero en la mayoría de las cosas me demoré más tiempo para lograrlas. Me gradué de la Universidad hasta la mitad de mis cuarenta y tantos años, y comencé mi carrera enseñando Educación Especial hasta después de graduarme. Y, a la edad de cincuenta años, nunca antes había salido de los Estados Unidos en un viaje misionero.

En 1995, ese hecho final me cambió, y así también el rumbo de mi vida.

Mi llamado misionero comenzó en mi infancia, pero una vez que comencé a enseñar, creció y se hizo más y más fuerte. Pasé cada año escolar orando por las Misiones y preguntándole a Dios cómo quería Él que usara mis vacaciones de verano. Durante dos veranos consecutivos, mis sobrinas ya en la adolescencia y yo hacíamos nuestros propios viajes misioneros.

En una ocasión pintamos las palabras de Juan 3:16 sobre las camisetas y las usábamos mientras que manejábamos a través de los Estados Unidos, deteniéndonos en campamentos a lo largo del camino.

Les enseñé a las chicas cómo en las conversaciones que ellas tuvieran, pudieran llevar a la gente a caminar hacia la fe. "¿Conoces acerca de Jesús?" Le preguntábamos a todo el que nos encontrábamos. Me sentía orgullosa de mi equipo de viaje, pero nuestro trabajo no parecía ser suficiente. Yo quería hacer algo más; quería ir mucho más lejos.

Yo anhelaba ser una verdadera misionera.

Para el año escolar 1994-95, mi deseo de servir fuera del país había crecido al punto que, por fe, obtuve mi pasaporte. Luego, escribí cartas a varias organizaciones misioneras grandes para darles a conocer mi disponibilidad y mi voluntad de pagar por mis propios gastos. Era así de sencillo, ¿Correcto?

Incorrecto. Ni una sola de las Organizaciones me respondió. ¿Qué tenía Dios en mente?

Mis ansias por las Misiones se convirtieron en una pesada carga que presionaba mi espíritu. Si yo veía a un niño en una esquina, lo imaginaba clamando por ayuda. Si escuchaba la palabra *naciones* en alguna de las canciones en la iglesia, mis lágrimas brotaban - y yo no soy una persona que le gusta llorar. Parecía que no podía pensar en otra cosa sino en las Misiones. Pero no tenía a dónde ir y ninguna forma de llegar hasta allí.

Un día en aquel otoño decidí enfrentarme al Señor. Nos encontramos, como era mi costumbre en mi gran sillón azul. "Dios", le dije: "no puedo llorar por el resto de mi vida. O quitas este deseo que hay en mi vida o muéstrame qué hacer".

Casi al instante, trajo a mi mente una iglesia que había visitado más de una vez en Grove, Oklahoma. Había escuchado a la esposa del pastor hablar acerca de los viajes misioneros. Estoy segura que ella no me recordaba (nos conocimos en una convención entre más de 500 mujeres), pero eso no me detendría, no ahora.

Fui directo al teléfono, busqué su número y la llamé. Cuando respondió una mujer, supe que ya estaba hecho, al fin encontraría a alguien que me ayudaría.

"Tú no me conoces, pero yo sí te recuerdo. Yo soy Avis Goodhart, y tengo que ir al campo misionero, ¿Me puedes ayudar?

Mis palabras tropezaban unas con otras mientras continuaba. "Soy profesora así que puedo ir durante el verano". Por si no parecía muy emocionada, añadí: "haré cualquier cosa, cavar zanjas, lo que sea, solo quiero ir".

También quería hacerle saber sobre el dinero. "Yo puedo pagar mis propios gastos, por favor, le ruego me ayude a conectarme con un viaje misionero o una misionera, con alguien, o con algo", le dije. "Tengo que ir y tengo que hacerlo pronto".

Una risita brotó del otro lado de la línea telefónica. *Seguro que una esposa de pastor no se reiría de mi deseo por el servicio misionero, o ¿Acaso sí lo haría?* Mi espíritu se derrumbó hasta el suelo. Al fin, después de hacer una pausa lo suficiente como para que ella respondiera, me dijo: "No soy la esposa del pastor, pero, ¿adivina qué? Soy una misionera que está de descanso en casa. Mi nombre es Karen".

Durante el resto de ese año escolar, Karen, su esposo Dale y yo conversábamos cada semana. Yo manejaba a Grove para encontrarme con ellos y no mucho tiempo después, todos lo sabíamos: Dios me estaba llamando a servir en Honduras, donde ellos servían tiempo completo durante seis años. Me hablaron del pastor Roberto Ventura y de la iglesia que él fundó en la capital, la ciudad de Tegucigalpa, (conocida como Tegus). La iglesia Gerizim había crecido con una membresía de más de 3000 personas. Seguro que Dios podría encontrar un lugar para mí allí.

Hicimos los preparativos. Después de salir de vacaciones de

la Escuela, yo volaría a Tegus para servir bajo el pastor Ventura. Estaba nerviosa pero muy emocionada. Al fin podría responder al llamado de Dios, sabía que extrañaría a mi esposo, pero estaba ansiosa de ir.

Pero quería traer algo más que fuera yo misma a Honduras. Karen y Dale me hablaron de la terrible pobreza de allá e hicieron arreglos para que yo trabajara con las dos únicas mujeres que hablaban inglés en la Iglesia Gerizim. Ellas traducirían para mí, mientras yo serviría en la iglesia y en un Orfanato fuera de Tegus.

Me iría a un Orfanato y sabía que no podía llegar con las manos vacías. Comencé a recolectar ropa y otras cosas que pensé que ellos necesitarían de mis amigos, de la iglesia, de los estudiantes y de quien fuera que estuviera dispuesto a dar para los huérfanos. Envié varios cientos de libras de cosas y, a medida que mi día de partida se acercaba, ya tenía 600 libras (272 kilos) más para llevar conmigo.

Unos días antes de salir, llamé al aeropuerto para asegurarme que el equipaje con todos los suministros cabrían en mi vuelo. "Claro", me dijeron, "tráelas todas, nosotros las llevaremos de algún modo".

Entusiasmada por mi oportunidad, mi hija Tía, manejó desde su casa en la Florida para venir a ayudarme a empacar y sí que empacamos. Valija tras valija de camisetas, pantalones, videos, jeans y otros regalos para los huérfanos que llenó mi sala. Cuando Tía me llevó al aeropuerto de Tulsa, llevamos a sus dos hijas adolescentes, su bebé en su cochecito, y por supuesto las enormes maletas Rubbermaid llenas de provisiones.

"Lo siento", dijo el hombre del mostrador de boletos cuando intentamos registrar nuestro inusual equipaje. "No puede viajar con todo eso. Tienes que escoger lo que vas a dejar".

"Pero si yo llamé antes", repliqué. "Todas estas cosas son para los huérfanos en Honduras. ¿Qué van a hacer los niños sin ellas?

Para lo que mis preguntas sirvieron, hasta pude haber dicho que las cosas eran para extraterrestres en el espacio. Así que Tía y yo hicimos lo único que sabíamos hacer: oramos juntas, nos tomamos de la manija del cochecito y marchamos hacia adelante y hacia atrás cerca del mostrador de boletos. Los gritos del bebé se añadieron al caos ya existente.

"Yo no me voy sin el equipaje, sabes", dije fuerte cuando el hombre de la aerolínea se dirigió otra vez hacia mí. "Pagaré extra. No me importa – Yo las quiero allá, así que súbanlas al avión". Nuestro pequeño equipo siguió orando y marchando, nuestro único acompañamiento ahora, era el bebé sollozando de vez en cuando.

Repentinamente, otro empleado diferente de la aerolínea vestido con un uniforme oscuro apareció. "¿Señora?" dijo titubeante.

¿Sí, señor?

"Sí tenemos el espacio, mi supervisor dice que todo el equipaje puede subir".

¡Aleluya! Yo sabía que mi Dios podía convertir un desastre en un mensaje. Estaba tan emocionada que temblaba al abrazar a mi familia antes de abordar el avión. Después de tanta espera, y de todas las oraciones, los obstáculos y los caminos sin salida, por fin estaba de camino al campo misionero.

Cuando aterrizamos en Honduras, el gozo me inundó. ¡Había llegado al campo misionero! Tropezando por aduanas e inmigración, insegura sobre lo que seguiría, yo tenía la plena confianza en el llamado de Dios, pero nunca antes había salido de mi país.

"Dios mío, no me abandones ahora", seguía repitiendo mientras que unos uniformados desconocidos me hacían preguntas en un idioma que yo no hablaba. ¿Quién será esta loca americana y qué llevará en todas esas maletas? Mantuve una sonrisa en mi cara y traté de explicarles.

Al fin, todo mi equipaje y yo pasamos por el puesto de control para la última revisión hacia el área principal del aeropuerto. Las conversaciones se arremolinaban a mi alrededor pero, yo no entendía una sola palabra. Los olores penetraban mi nariz sin que yo reconociera ninguno de ellos. Cientos de personas se movían alrededor mío, pero nadie me era familiar.

Puedes imaginar mi alegría al ver una menuda mujer de cabello oscuro que alzaba una pancarta casera y resaltaba mi nombre en grandes letras: "AVIS GOODHART". Ella era Gladys Montoya, una de las traductoras de la iglesia Gerizim. "¡Bienvenida a Honduras!" Me sonrió mientras le pidió a un portero que me ayudara a llevar todo el equipaje al vehículo que nos estaba esperando.

Gladys amaba a Jesús, y se le notaba. Ella manejó directo a su casa y, a pesar de ser una hora avanzada, me trajo un plato rebosante de comida. Olía suculento y sabía aun mucho mejor.

Mientras comía, Gladys se escabulló y regresó con una palangana de agua tibia, se arrodilló y me quitó mis zapatos.

–"¿Qué estás haciendo?" Le pregunté con asombro.

"Por favor, deja que te lave los pies", Gladys me miró con lágrimas en sus ojos. "Tú vienes a mi país porque amas a mi Jesús. Debes dejarme hacer esto".

El dejar que Gladys lavara mis pies y estando de rodillas frente a mí fue el momento más humillante en mi vida. Desde ese día, iniciamos una amistad que duró a través de muchos viajes misioneros, muchos proyectos de servicio, y muchas almas ganadas para el Reino. Y Dios usaría todas estas experiencias para restaurar de nuevo el rumbo de mi vida.

Yo simplemente no lo sabía en aquel momento.

Sacada del polvo: Earlene Matthews

Yo no soy la única que tuvo que esperar para cumplir su llamado. Una de las primeras personas que me acompañó en un viaje misionero fue una preciosa hermana en Cristo de nombre Earlene Matthews. Cuando era joven, tuvo cinco años de entrenamiento misionero, para que luego, su organización patrocinadora decidiera no enviarla al campo misionero porque era soltera. A pesar de que ella trabajó en su oficina principal hasta que se jubiló, el gran pesar en su vida fue el no haber servido en el exterior.

En el tiempo en que conocí a Earlene, sus ojos eran débiles y le dolían pero, su espíritu estaba fuerte y vivo. Le encantaba oír mis historias de los viajes misioneros. Y después de conocer su trasfondo, yo supe que Dios quería llevarla conmigo.

Earlene, ahora estaba totalmente ciega, fue conmigo en un viaje médico misionero a Honduras en 1997. Tuve que ayudarle a salir del avión, pero ella no tenía miedo, iría a cualquier lugar y haría cualquier cosa para compartir el Evangelio.

En ese viaje, nuestro equipo médico pasó tres días atendiendo en lo alto de las montañas. Temprano en la mañana, la gente hacía fila para ver al doctor y luego pasaban por la fila de evangelismo antes de recibir su medicina. Tres o cuatro equipos de voluntarios esperaban, cada uno con su traductor, listos para compartir el Evangelio. Y allí es donde mi amiga encontró su ministerio.

No pasó mucho tiempo antes que todo el mundo supiera que Dios estaba haciendo algo especial en la banca donde estaban sentados Earlene y su traductor (un equipo por sí solo). Cuando la gente pasaba por su fila, Earlene le pedía a su traductor que les diera una Biblia y que la abriera en un lugar específico. Cuando ya sabía que su audiencia estaba lista, ella recitaba el pasaje de memoria y lo explicaba. Enseguida, guiaba a sus oyentes por cada pasaje diciendo cada uno de memoria.

Earlene entonces preguntaba: "¿No es Dios tan bueno?" o "¿Te gustaría hablar con Él? Él está esperando".

Ella se sentaba en aquella banca todo el día, compartiendo el mensaje del Amor de Dios, no solo a la gente de su fila, sino también al doctor y a otros voluntarios de la Clínica. En esos tres días, ella sola llevó a más de un centenar de personas a Cristo. Estaba llena de gratitud y de gozo al ver su sueño hecho realidad.

Después de regresar a Tegucigalpa, Earlene tuvo la oportunidad de predicar en un grupo de hogar para los jóvenes adultos. Se sentó, inadvertida, en el patio mientras que los jóvenes llegaban, riendo y hablando entre ellos hasta que la anfitriona la presentó.

Usando la misma técnica que utilizó en la Clínica, Earlene comenzó a enseñar, preguntando a los jóvenes que abrieran su Biblia en un pasaje en particular, y lo recitaba de memoria y comenzaba a explicar su significado. Ella recitaba verso tras verso, entretejiéndolos en su lección. En cierto punto, hacía una pausa y el salón con algo más de cuarenta jóvenes adultos quedó en silencio.

"Cuando yo era una joven", ella decía a sus oyentes, "Dios puso un deseo en mi corazón, de memorizar Su Palabra. Estoy tan agradecida de haberlo hecho, porque ahora, nadie ni nada–ni siquiera la ceguera– me la puede quitar". Hizo una pausa otra vez mientras terminaba. "La tengo aquí dentro de mi corazón".

Yo podía ver lo que Earlene no podía: lágrimas no derramadas brillando en los ojos en todo aquel lugar. Esa noche, muchos de los jóvenes se comprometieron a guardar la Palabra de Dios en sus corazones. Y muchos le pidieron a Dios que los hiciera más como Earlene.

Yo le agradezco al Señor por unirnos y por haberle dado a ella la oportunidad –al fin– de llevar sus dones y su ministerio hasta los confines de la Tierra.

Capítulo 2

Creciendo Diferente

Mucho antes que comenzaran mis aventuras misioneras, me di cuenta que no hacía las cosas de la misma manera en que otras personas lo hacen. Mi impulso por ser diferente debe haber empezado durante mi niñez.

La vida de nuestra familia *era* diferente a la de la mayoría de las familias durante mediados de los años 1940 y 1950. Después que terminó la II Guerra Mundial, la gente parecía feliz de descubrir una nueva normalidad. Los préstamos militares permitían a las familias de los soldados comprar casas nuevas que aparecían por todas partes. Había suficientes empleos. El futuro parecía bueno. Para mediados de la década de 1950, la mayoría de los hogares estadounidenses poseían televisores, estufas modernas y refrigeradores.

Pero había algo en nuestra familia (soy la mayor de siete hijos) que era diferente. Empezando por mi padre.

"Él quedó con problemas de la guerra", explicaba Mamá. Ella repetía estas palabras muchas veces a través de los años, por lo general, cuando tenía que excusar a papá de alguna de sus locas decisiones o de cualquier arranque explosivo de ira.

Hoy en día, llamamos esta condición TEPT (Trastorno de

Estrés Postraumático). En aquel tiempo, nadie lo reconocía, ni siquiera se hablaba de eso.

Una de las formas en que papá lidiaba con sus problemas era que llegaba a casa y, sin previo aviso, empacaba y mudaba a la familia a otro sitio. Nos trasladábamos con tanta frecuencia, a veces, a los pocos días o meses.

En un año de altibajos, nosotros sus hijos asistimos a diez escuelas diferentes. Un día teníamos una casa bonita, al siguiente día, papá llegaba a casa diciendo: "Me están vigilando. Tienen gente espiándome todo el tiempo. Tenemos que salir de aquí ahora mismo".

Papá abandonó la Escuela en el octavo grado para ayudar con el sostenimiento de su familia. Cuando cumplió los dieciocho años, sirvió en el Ejército. Para cuando terminó la guerra, pasó un examen que le permitiría ingresar a la Universidad Estatal de Kent en Ohio, sin su certificado de secundaria. Pero, otra vez su TEPT se interpuso en el camino y papá nunca fue a una sola clase de la Universidad.

Una vez en Kent, mis padres alquilaron una casita, y papá consiguió trabajo en un taller de maquinaria. El propietario era un cristiano fuerte, él comenzó a enseñarle el negocio de fabricar herramientas.

No mucho después, este mismo hombre invitó a mis padres a asistir a las reuniones de la iglesia en donde ambos aceptaron a Cristo. Después de eso, como lo dijo Mamá: "Todo el infierno se desató". Y allí comenzó la serie de trabajos y mudanzas de papá.

Pero eso no quería decir que papá fuera tonto. Ni un poquito. Cuando yo tenía un problema difícil de matemática, le pedía ayuda a él. Él podía hacer casi cualquier cálculo mentalmente, y me decía al sentarse a mi lado: "Cariño, esa respuesta es fácil".

"Pero papá, necesito más que solo la respuesta, tengo que mostrarle a mi profesor cómo la obtuve", le explicaba yo. "¿Podrías mostrarme cómo se hace para que pueda entenderlo yo misma?"

Papá me podía decir la respuesta pero no podía explicarme cómo lo hizo. "No lo sé, solo llena el espacio", me decía encogiendo los hombros. Ya sabía que no debía hacer más preguntas.

La mente de papá iba y venía entre la realidad y la confusión. A veces, tenía un buen empleo y hablaba sobre este con confianza, incluso jactándose y luego en su estado mental negativo lo echaba todo a perder. "Yo sé que me van a despedir" o "ellos vigilan todo lo que hago". Convencido de las malvadas intenciones de su jefe, renunciaba antes de que lo pudieran despedir.

Cuando papá llegaba a casa con órdenes de mudanza, ya todos sabíamos qué hacer: recoger nuestra poca ropa y cosas en cualesquiera caja o bolsas que encontráramos, meter todo lo que pudiéramos en la maletera, amarrar el resto en el techo del vehículo y salir rápido, directo y sin rumbo. A veces, nos escabullíamos de la ciudad antes del amanecer, dormíamos en el carro, en mesas de acampar que había al lado de las carreteras, detrás de las vallas publicitarias, o en los refugios del Ejército de Salvación cuando encontrábamos alguno.

Todos nos acostumbramos a esta rara rutina. Pero en julio de 1953, sucedió algo peor. Yo tenía casi nueve años; Rada, siete; Bobby seis; Art, cuatro; Freddy, tres; George, dieciocho meses y nuestra hermana menor Carol, solo tenía dos semanas de nacida. Durante los últimos meses, la mayor parte de nuestra familia nos habíamos quedado con mi tío y su familia. Pero, una mañana, su esposa decidió que ya era suficiente. Nos llevó a todos – mamá, papá y los siete hijos – a un condado cercano, nos dejó al costado de la carretera, y se fue. ¿Adónde iríamos ahora?

Como pudimos, llegamos a un parque cercano con las cosas que alcanzamos a meter dentro de algunas maletas y una o dos cajas, pero aun necesitábamos dónde pasar la noche. Mamá y papá fueron a buscar un lugar donde pudiéramos pasar la noche para dormir. Pusieron a la recién nacida Carol sobre una almohada en el suelo, dándole a mi hermana menor Arada (Rada) y a mí, instrucciones acerca de qué debíamos hacer durante su ausencia.

"No se vayan del parque", nos advirtió mamá. "Y no se les ocurra bajar a la bebé de la almohada".

Aun a los siete y nueve años, Rada y yo comprendíamos y obedecíamos. Cuando queríamos cambiar del juego del tobogán y los columpios, ambas recogíamos de las dos esquinas de la almohada para mecer a la bebé junto con la almohada. Después de repetir la misma rutina por más de una hora en el parque, Carol comenzó a llorar y a llorar y seguía llorando.

Rada y yo nos mirábamos una a la otra con desesperación. ¿Qué *hacemos ahora?* Ella había observado como mamá le preparaba su biberón (yo me estaba quedado con un familiar hasta unos días antes de nuestro repentino desalojo), así que ella abrió el biberón y vertió un poco de miel de maíz Karo y leche enlatada. "Ahora tenemos que añadir agua", indicó Rada. "Vamos a la fuente de agua potable". Batallamos juntas para levantar a la bebé con la almohada una vez más.

Por ser pequeñas, ninguna de nosotras podía hacerlo sola. Mi hermana se subió a la fuente y puso el biberón bajo el grifo mientras que yo giraba la manija.

"Tenemos que agitar bien", dijo. "Eso es muy importante".

Una vez terminada la preparación, Rada metió la punta del biberón en la boca de la bebé que aún estaba chillando. El llanto cesó, una vez más todo era feliz.

Pero nuestra paz no duró mucho, notamos a un mujer viéndonos desde una casa blanca calle abajo. De vez en cuando salía a la puerta y hacía gestos. Nos deteníamos de lo que estábamos haciendo cada vez que la veíamos, y ya cuando se metía a su casa, seguíamos con nuestros juegos.

Pronto nos dimos cuenta que venía hacia nosotros, también nos percatamos que quería interrogarnos. Siempre, como la protectora hermana mayor, me bajé del columpio y me paré al lado de mi hermanita Carol, quien ahora estaba profundamente dormida. Rada, como de costumbre se hizo detrás mío.

"¡Qué hermosa muñeca la bebé!", susurró la mujer. "¡Eh, está atenta!"

"Sí, es mi hermanita", le dije. Nuestra visitante se encorvó. *¿Cómo puedo detenerla? Pensé inmediatamente.*

¡Mamá dijo que no debes levantarla de la almohada!

Ella retrocedió y esta vez intentó una nueva táctica. "¿Dónde están tu papi y tu mami?"

"Ya están de regreso", dije con firmeza. "Solo estamos esperándolos".

"Pero han estado aquí mucho tiempo. ¿No tienen hambre?"

Con esa pregunta dio en el clavo. Nuestra carga y descarga del auto de esa mañana no había incluido el desayuno, pero yo sabía que no debía mendigar.

"Mamá y papá regresarán pronto, y ellos nos traerán algo de comer. Solo estamos jugando".

Carol escogió ese momento para retomar su lloradera. Para esta vez, ella había empapado demasiado su pañal. La buena mujer intentó una vez más. "Yo vivo allí" (señalando cuadra abajo)".

"Podría llevarlas y les daré un sándwich".

Me mantuve firme. "Mami nos dijo que nos quedáramos aquí en el parque".

"No tienen que entrar a la casa". Suavizó su voz. "Tengo una mesa y sillas atrás de la casa y chocolate con leche.

En ese momento, los demás niños estaban escuchando. Y si el ofrecimiento de sándwiches no nos había convencido, el chocolate con leche sí que lo hizo.

"Tú no puedes levantar a la bebé", le advertí. Otra vez, Rada y yo nos pusimos a los lados opuestos de la almohada, y nuestra pequeña banda comenzó a marcharse. Pero ahora que teníamos que mover a Carol más que solo unos cuantos metros, estábamos batallando.

A estas alturas, nuestra benefactora notó nuestra situación. "Déjenme ayudarles. No levantaré a la bebé – solamente llevaré la almohada". Permití esto sin soltar una esquina de la almohada.

La excursión del refrigerio parecía como una visita al paraíso. Nuestra nueva amiga sacó una bandeja llena de sándwiches, manzanas en rodajas y el chocolate con leche prometido. "Mi esposo es doctor", dijo. "Él trabaja largas horas, así que estoy feliz de tener su compañía".

Miré alrededor del patio. Había flores en varios lugares alrededor y un molino de viento pintado en un soporte esquinero. Pensé lo de siempre cuando pasábamos por casas bonitas: *Yo podría vivir en una casa como esta.* Cuando veía a una niña como de mi tamaño jugando frente a lo que parecía una casa elegante, mis pensamientos iban más lejos: *Me pregunto cómo será tener una casa de verdad, una cama limpia e ir a una sola Escuela.*

Nuestro feliz refrigerio casi terminó; levantamos la cabeza, para ver a nuestros padres parados delante de nosotros. La agradable mujer los vio que regresaban al parque y les hizo señas con la mano para que se devolvieran. "Ustedes tienen los niños más lindos". Dijo ella. "Los invito a almorzar".

"Gracias señora", le dijo papá. "Es usted muy amable, pero todo está bajo control. Niños, es hora de irnos ya".

Obedientemente, seguimos a nuestros padres a través de la ciudad para la VFW (Veteranos de Guerras Foráneas), donde un administrador nos prometió camas para pasar la noche. "Avis, no debiste haber salido del parque". Me dijo más tarde mamá. "Pero, qué bueno que ella les dio de comer".

Me quedé callada, agradecida de que mamá y papá no hicieron mucho alarde de nuestra aventura y por una mujer generosa que nos dio sándwiches y chocolate con leche. Pero no podía evitar el preguntarme lo que seguiría después.

Sacada del polvo: Elisabeth

Yo entiendo a las hijas mayores que asumen la responsabilidad por sus hermanitos – especialmente cuando su familia vive en una crisis constante. Esto explica mi relación especial con Elizabeth.

Un día, su madre vino a hablar con nosotros en nuestro Orfanato en la 'Casa de Paz', y nos dijo: "Dejaré a mis hijos con ustedes durante la semana y me los llevaré los fines de semana". Sabíamos que así no funcionaria. Durante un tiempo, le dimos algo de dinero para que pudiera darse el lujo de quedarse en casa con sus hijos.

Después de meses de indecisión, la madre de Elisabeth estaba lista. Ella quería que sus hijos – Elisabeth y sus tres hermanitos menores – vivieran en el Orfanato. La trabajadora social se encontraba de visita en la 'Casa de Paz' ese día, así que ella y el pastor Jeff McCracken que venían conduciendo desde Canadá, estaba sirviendo con nosotros esa semana, en la casa de los niños.

Tosca sería una palabra amable para describirla. Con paredes de barro y piso de tierra como muchas de las que nos rodean aquí en Perú. Una de las primeras cosas que notamos fue un cerdo atado detrás de la casita. Para evitar que los vecinos lo robaran, la familia lo llevaba dentro de la casa durante la noche y lo ataban a la pata de su cama. No era exactamente un cerdo en una frazada, pero lo suficiente como para estremecerme.

"Quiero quedarme a trabajar en los campos con mamá", nos dijo Elisabeth mientras sus lágrimas brotaban. "Entre más dinero tengamos, más rápido podremos llevar a mis hermanitos a casa".

Tomé un profundo respiro. "Cariño, si haces eso, puedes ayudar a tu madre ahora, pero no podrás hacer mucho". Yo sabía hablar su lenguaje. "Y no tendrás a nadie que cuide a los niños".

Me miró sin convencerse. A lo que añadí: "Si vienes con nosotros y estudias, puedes ser una secretaria, una profesora o lo que tú quieras". Lo saqué de mis recuerdos para poder tocar su corazón. "Si trabajas en los campos, en diez o quince años, todavía seguirás trabajando en los campos. Pero si estudias y te preparas, en diez años, tú y tu familia tendrán una vida diferente".

Yo no podía saber si Elizabeth me había escuchado o no. Su rostro permaneció serio, y no me respondió. Pero su madre estaba escuchando. Y no mucho tiempo después, había convencido a su hija mayor para que viniera a vivir con los demás niños en el Orfanato.

El año pasado, Elisabeth terminó su secundaria. Ella trabaja en una tienda cercana y continua su educación fuera del Orfanato. Poco a poco, está ahorrando dinero y arreglando la casa para su familia. Ella sabe que algún día, la combinación de la fe y su arduo trabajo traerá al fin a su familia a casa.

Capítulo 3

De Nuevo en la Carretera

Aunque yo tenía la esperanza de visitar otra vez a nuestra amiga que nos hizo los sándwiches, solo nos quedamos por una noche en esa pequeña ciudad. De hecho, nuestra familia nunca permanecía por mucho tiempo en algún lugar antes de que estuviéramos de nuevo en la carretera.

Papá estaba decidido a llegar a la costa oeste. Había contraído una infección pulmonar y estaba seguro que un clima seco mejoraría su salud. Una vez más, obligó a mamá para que llamara a su padre para pedirle dinero. El hombre a quien llamábamos Abue era adinerado, trabajador, honrado y nunca perdía oportunidad para expresar su decepción por nuestro estilo de vida. Aun así, siempre enviaba los fondos.

El TEPT de papá lo dejaba confundido en muchas cosas. Pero en el camino, él tenía un plan, y sabía cómo ejecutarlo. Le gustaba llegar a las beneficencias de los condados ("estas siempre tienen un lugar para dormir"). En el local de VFW, le explicaba a la encargada: "Yo soy un veterano con un retiro médico honorable, pero no me vendría mal un poco de ayuda".

En ese punto, se volteaba a mirarnos a los siete niños como para enfatizar la necesidad. "Verá usted, vamos de camino a

California donde tengo un buen trabajo que me espera, y hacía otra pausa. "Pero tuvimos que gastar todo nuestro dinero para (arreglar nuestro carro, pagar la cuenta del hospital o cualquier historia que se le venía a la cabeza). Algo de dinero nos serviría mucho para la gasolina. Y, ¿habría alguna manera de hospedarnos esta noche?"

Esperábamos, con ansias mientras que el supervisor consideraba esta gran petición. No sé si era su condición de veterano de guerra, su triste historia, o la presencia real de una esposa con sus siete hijos pequeños, pero papá casi siempre se salía con la suya.

Si eso no funcionaba, o si la pequeña ciudad no tenía un VFW, le pegaba a la Cruz Roja o al Ejército de Salvación. A mí me gustaba más el Ejército de Salvación. A veces nos daban ropa, que siempre necesitábamos.

Papá se aseguraba de no visitar la misma beneficencia dos veces. Sus artimañas nos producían muchas comidas gratuitas y cualquier cantidad de noches a costa del centro VFW o amontonados en un hotel barato. Pero a veces, la necesidad se convierte en la madre de los ingenios.

Una vez, cuando yo tenía como diez u once años, estábamos amontonados en el carro por el clima invernal. Papá lo mantenía encendido día y noche para que pudiéramos mantener el calor, deteniéndose de vez en cuando para recolectar algunos dólares para la gasolina.

Mamá y papá, sus siete hijos, y nuestras variadas pertenencias llenaban nuestro grande y viejo Hudson. Las ventanas se empañaban por la combinación de nuestro aliento caliente dentro y el aire helado afuera. Acostada en el tablero detrás del asiento trasero, yo contemplaba las estrellas que colgaban sobre el paisaje. Pero también notaba a papá frotándose los ojos.

Para ese punto, ya habíamos estado manejando durante días, con solo paradas cortas para que él descansara en estas aventuras de viaje a campo abierto. Mamá nunca conducía el carro. Ella estaba muy ocupada haciendo de brújula para papá quien se podía perder con tan solo salirse de su cuadra.

"Ya no puedo más", decía mientras se estacionaba al costado de la carretera. "Tengo que estirarme un poco".

Papá se detenía al costado, salía del carro con una mesa de picnic de cemento, limpiaba la nieve de encima de la mesa y sacaba nuestra gran bolsa de ropa sucia de la maletera. Nosotros veíamos desde adentro del carro en silencio, mientras que él se extendía sobre la mesa.

"Vengan, Avis, Rada, Bob. Vamos a dormir aquí". Debía haber notado nuestras expresiones de asombro porque añadía, "Si nos mantenemos juntos, nos calentamos unos a otros y mamá y los niños pequeños tendrán más espacio para estirarse. Vamos".

Mientras que nosotros los tres hijos mayores nos desenvolvíamos tropezando para salir del auto, papá sacaba un par de frazadas de la maletera. Nos acurrucábamos juntos mientras él se acostaba a nuestro lado y nos cubría con las frazadas.

Pronto, todos desertamos, mientras papá decía que la combinación del calor de nuestros cuerpos nos guardaba de congelarnos. Y justo después del amanecer salimos de la mesa y otra vez de regreso a la carretera.

Hay otra cosa que me hace recordar la abundancia de artimañas que usaba papá – y mi determinación de seguir una ruta diferente. Un atardecer de verano, nos quedamos sin gasolina en la "Ruta 66". Como a medio kilómetro de camino, que se extendía por el horizonte se veía solo una casa de rancho.

"Ellos les darán más fácilmente gasolina a los niños que a un adulto". Nos dijo papá a Rada y a mí. "Vayan a pedir un par de galones".

Él sabía que la mayoría de los ganaderos mantenían un gran tanque de gasolina para llenar sus vehículos. "Solo pidan, no les va a hacer daño compartir".

Mi hermana y yo sabíamos que más valía obedecer. Papá solo seguiría hablando hasta que lo hiciéramos. Con los ánimos más pesados que el envase oxidado para la gasolina que cargábamos, nos desplazamos hacia el rancho. Yo no quería pedir la gasolina. *Solo porque no tienes dinero no significa que estás en la ruina*, pensaba. Aun en aquel entonces, yo confiaba en Dios como mi Proveedor. *Debe haber una mejor manera.*

Ambas caminamos y cruzamos unas vías engrasadas del ferrocarril por el camino largo y polvoriento hacia la empolvada entrada de la casa. Una vez más, los métodos de papá daban resultado. Ya en la casa, les hacíamos nuestra petición tartamudeando y la familia llenaba nuestro envase de gasolina. Mientras que un chico mayor se encargaba del quehacer, Rada y yo jugábamos con algunos perritos que se revolcaban en el barro.

"Gracias", dijimos mientras levantábamos el rebosante envase para devolvernos por el camino a nuestro carro. Pero uno de los perritos siguió. "¡Vete a casa!" le advertimos. Aunque era lindo, sabíamos que no sería bueno añadir un animal a nuestro circo ambulante.

Entonces, lo increíble pasó. Rada y yo pasamos el envase por las vías del tren, y el perrito corrió para alcanzarnos. Pero, precisamente en el momento en que un tren tocó su silbato, su patita quedó atorada en la vía. Corrimos hacia él y retrocedimos al aproximarse el tren.

Comenzamos a gritar y a llamarlo para conseguir que el perrito se saliera de las vías del ferrocarril pero fue demasiado tarde. Miramos con horror como la enorme locomotora lo aplastaba.

Dos niñas sollozando regresaron al automóvil, decididas a nunca más volver a pedir otra cosa. Si dependiera de nosotras, jamás mendigaríamos.

En algún lugar a lo largo del camino, me enfermé tanto que mamá y papá alquilaron un par de cabañas: una para nosotros los niños y otra donde nuestros padres durmieron. Yo recibí atenciones especiales. Mamá les decía a todos: "No molesten a Avis". Yo estaba tan enferma que nada me importaba.

Aun el olor de la comida me daba náuseas, pero mamá seguía insistiendo en que comiera. Como un gesto especial, puso a mi hermanita Carol de seis meses conmigo. Pero tanto la bebé como el cuarto – todo me daba vueltas. Todo lo que podía hacer era levantar mi cabeza de vez en cuando para asegurarme si la bebé estaba bien. De algún modo, las dos sobrevivimos.

Después de dos semanas, comencé a sentirme mejor. El alquiler se debía, así que nos dispusimos para salir otra vez por carretera. Mamá llevó a los cuatro chicos al baño de una estación de gasolina para bañar nuestros sucios cuerpos y ponernos ropa limpia. "No porque seamos pobres no significa que vamos a andar sucios", decía mamá por enésima vez.

Luego, era el turno de nosotras las chicas. Al salir del carro, mamá se me quedó mirando y exclamó: "¡Avis! Hasta la parte blanca de tus ojos está amarilla. ¡Tienes hepatitis!"

Yo nunca había escuchado hablar de la hepatitis, así que no sabía lo serio que sería. Y aunque ya me sentía mejor en ese momento, mamá y papá sentían lástima por mí. Nos dieron la suma inaudita nunca antes vista de treinta y cinco centavos, y compramos chocolatinas para cada uno. No recuerdo qué hicimos con la de la bebé Carol, pero yo sé que no se desperdició.

De alguna manera, logramos llegar a California, donde otra vez alquilamos dos cabañas. Después de los largos días y noches en el auto, incluso las camas de bultos y patios arenosos, parecían de lujo para nosotros. Pero nuestro descanso no duró mucho tiempo. Poco después que llegamos, mamá estaba lavando la ropa cuando se desmayó y quedó inconsciente. Rápido, una ambulancia venía con su peculiar sonido estridente por el camino.

"Neumonía y hepatitis", dijo el doctor. Y después que el

personal investigó más, me internaron a mí también en el Hospital. Me encantaba la cama firme y las sábanas limpias pero, detestaba las agujas y que me examinaran. Y el reposo absoluto, no era algo que una niña activa disfrutara.

Después de unos exámenes y los análisis para mí, las enfermeras le dijeron a mamá: "Su corazón y su hígado están cauterizados", "tal vez sus órganos nunca crezcan más, lo cual causará una presión sobre su cuerpo a medida que vaya creciendo.

Tenía apenas solo nueve años y ya estaba con problemas de salud. A mamá y a mí nos trasladaron a un Hospital del Condado porque, como dijo una enfermera déspota, "la gente como ustedes no debe estar aquí".

Mi cara ardía de la vergüenza mientras pensaba en un silencioso argumento. *Solo soy una niña y no puedo hacer nada al respecto. Pero cuando sea grande, tendré un empleo y trabajaré, y nunca más tendré que aguantar abusos otra vez.*

Mi determinación no duró mucho, pero no porque no lo dijera en serio. Después que el Hospital me dio de alta, una estrella de televisión se enteró de nuestra difícil situación familiar. Papá nos llevó al estudio de televisión, seguro de que algo grandioso nos esperaba.

No lo fue precisamente. Los de la televisión nos alinearon por edades: "Si alguien tiene un empleo para este digno veterano de guerra, llámenos al KLAC-13. Nosotros los pondremos en contacto". Después de la entrevista, un carro enorme nos llevó a la mansión de unos de los productores de televisión. Dándome cuenta que éramos los bichos raros, así como el show de la noche, me sentía totalmente incómoda.

"¿Cuántos años tienes?" "¿Te gusta vivir en una cabaña?" "Como tu mamá está enferma, ¿eres tú la que cocina?" La gente tan – amable vestida de ropa tan – elegante vomitaban sobre mí estas y otras muchas preguntas. Papá y los chicos menores disfrutaban las atenciones. Pero yo reconocía la lástima cuando nos veían.

Mamá tiene razón. Es mejor trabajar duro que pedir limosna. Pero no tengo la edad suficiente para ayudar. ¿Cómo puedo hacerles entender? Desesperada, caminé por el pasillo alfombrado y cerrando la puerta del baño, enterré mi cabeza en la toalla de felpa que colgaba del bastidor. *¿Cómo puede haber tanto en el mundo y cómo pueden algunos tener tan poco?*

En ese momento, una amable dama me encontró, estaba sentada en el suelo con la cabeza entre mis manos. *Ellos no entienden. No somos diferentes de los niños ricos. Por dentro, todos somos iguales.* No me había dado cuenta, pero había arrancado el colgador de toallas de la pared.

Sacada del polvo: Juana Victoria

Se puede ver cómo Dios me dio un corazón para tener afinidad con las familias que tienen que trabajar duro para sobrevivir. Cuando conocí a Juana por primera vez, ella trataba de mezclar barro en el polvo, arena y viento de Las Palmeras. Una viuda con cinco hijos pequeños, queriendo hacer ladrillos de adobe para construir su casa. La mamá de Juana vivía cerca, pero su esposo, un pescador; se había ahogado hacía como dos años en una tormenta en el mar frente a la costa de Pacasmayo, y su hijo menor tenía tan solo dos años.

Nadie le daba empleo a Juana, porque ella sufría de terribles ataques epilépticos. Nadie quería correr con el riesgo de que cayera en un ataque epiléptico mientras que cocinara, limpiara o subiera escaleras. Pero siendo una mujer trabajadora, hacía cualquier cosa que pudiera para subsistir.

Aprendió el oficio de cortar el cabello e iba a domicilio

haciendo pedicure. Por un tiempo, trabajó en una casa para unos alemanes quienes le daban medicinas anti-epilépticas, pero ni siquiera eso detenía completamente los ataques. Y como ella amaba a sus hijos y era la que los mantenía, buscaba trabajo y rogando donde fuera para que la dejaran.

Conocí a Juana por primera vez en 1997 mientras caminaba por el basurero, mirando toda la suciedad de allí. Aunque su esposo había sido cristiano, Juana no lo era. Pero este día, su corazón se abrió y cuando le hablamos de Jesús, ella creyó.

Tiempo después, Juana fue sanada de su epilepsia durante una reunión en la iglesia, después oramos por ella. Ninguno de nosotros lo supimos en ese momento ya que ella no se sintió o actuó diferente y para nosotros, nada obvio había pasado. Pero un día, no mucho después, notó que ya no tenía ataques epilépticos, y desde ese día en adelante, nunca más los ha tenido.

Años después, Juana se conectó con una Universidad en Trujillo para vender sus nuevos cursos por correspondencia. Ella recibía su pago en forma de cursos que ella podía tomar para prepararse. Esta mujer obtuvo su certificado de Trabajadora Social sin dejar de criar a sus hijos y hacer todo tipo de trabajos. Luego, consiguió un trabajo en la Municipalidad trabajando con mujeres y niños víctimas de abuso, pero el trabajo se le terminó con el cambio de Gobierno. Todavía tiene más de un trabajo, incluso tiene un programa radial al que invita a gente del Municipio y funcionarios públicos que conoció por su trabajo para que participen en él.

Juana hace todo con fe, anima a otros diciéndoles que Dios es Poderoso. Ella ha visto Su poder sanador en su propia vida y nadie puede negar esa sanidad que Dios hizo en ella. Reconoce que Él es Fiel y Poderoso para sacar a cualquier persona del polvo.

CAPÍTULO 4

Indecible

Muchos de los niños huérfanos que Dios nos trae han sufrido heridas profundas. Lo puedo ver en lo apagado de sus miradas y aun cuando estos pequeños sonríen, se ven tristes.

A veces, cuando no saben que los estoy observando, noto el dolor en sus ojos. Tienen una mirada distante, como si pensaran en algo demasiado profundo para expresarse.

Ellos no lloran ni gritan, pero la tensión persiste en cada uno de sus rostros. Yo entiendo muy bien esa tensión porque también sufrí lo indecible.

Ahora, me doy cuenta de cuán poca edad debo haber tenido cuando todo comenzó. Cada vez que nuestros viajes nos llevaban cerca del noreste de Ohio, visitábamos a los familiares de mamá. Su padre vivía en una granja familiar con sus hijas Alice, ella nunca se casó; y Ruth, la esposa de Jim, mujer dinámica y de cabello oscuro. El hermano de mamá y su esposa vivían a unos cuantos kilómetros de distancia.

Yo los quería a todos, especialmente al tío Jim. Hasta lo llamaba "papá Jim". Eso se añadió a mis luchas. Primero que nada, la casa del abuelo quedaba alejada del campo bien adentro y el tío Jim siempre encontraba una excusa para llevarme con él en sus quehaceres. "Avis, ¿Quieres venir conmigo a la tienda para comprar leche?"

Por supuesto que yo quería ir — al principio. No tengo en mi memoria mucho de esos viajes, pero recuerdo que era suficientemente pequeña como para pararme en el asiento delantero del carro. Pero la sensación de comodidad de ese asiento de peluche no valía la pena compensarlo al compararlo con lo que allí pasó.

Si cierro mis ojos, todavía puedo verlo: la mano de un hombre con una camisa azul arremangada, acercándose a mí. Me hundió hacia atrás en el asiento, pero no pude escapar. Me presionó fuerte contra la puerta. Con todo, la mano me encuentra y no sé qué hacer.

Durante toda mi niñez, esta escena se repite una y otra vez. El tío Jim me decía: "No se lo digas a nadie", dándome un molino de viento de papel brillante o algún otro juguete barato. Fue hasta muchos años después que supe porqué me daba esos regalos.

Pero el tío Jim no necesitaba comprar mi silencio. Seguía siendo la fuerte hermana mayor; la que cuidaba a los demás. Yo no quería molestar al abuelo o a mis tías. No le dije nada a nadie lo que pasó en el carro. De hecho, yo trataba de no pensar en ello.

Hasta la próxima ocasión.

La parte más difícil sucedió cuando tenía ocho años. Mamá y papá nos dejaron a todos los niños con su familia mientras que ellos fueron a Wichita, Kansas donde vivía la familia de papá. Su plan era encontrar trabajo y un lugar donde vivir, y luego venían por nosotros.

Pero la vida se interpuso entre sus planes. Sí encontraron trabajo y alquilaron una casita de campo fuera de la ciudad.

Pero luego, la madre de mi papá fue diagnosticada con cáncer y él y mamá tuvieron que ayudarlos.

Rada y yo nos quedamos con el abuelo y su cuadrilla de hijos adultos. Nuestros hermanos vivían con el tío Tag en la granja vecina, camino hacia abajo.

A primera vista, vivir en la casa del abuelo parecía como una idea maravillosa. La tía Ruth se quedaba en casa para mantenerla impecable y cocinar deliciosas recetas. A Rada y a mí nos encantaba todo lo que nos servían: cenas verdaderas con carne, verduras y, a veces brownies hechos en casa de postre.

Aprendimos buenos modales y nos sentíamos como unas verdaderas damitas comiendo con los adultos. En vez de tratar de lavarnos en los baños de una estación de gasolina, nos bañábamos en una tina llena de agua caliente. En vez de estar apiñados junto con nuestras pertenencias dentro de un carro, dormíamos en una cama suave con edredones cálidos. Nuestras tías además nos dejaban que comiéramos un refrigerio antes de ir a la cama cada noche—algo de lo que nunca habíamos sabido en nuestra vida de gitanos con mamá y papá.

El vivir aquí, también significaba algo especial para Rada, quien tenía problemas visuales desde su nacimiento. La tía Alicia tomó el tiempo para matricularla en una Escuela Especial y se aseguró que, por primera vez en su vida, tuviera lentes para mejorar su visión. Aunque a Rada no le gustaba la Escuela (ella podía ver mejor que la mayoría de los alumnos allí), ambas estábamos agradecidas de tener a una tía tan amorosa.

Ese año la Navidad fue tan diferente de cualquier otra como nunca antes. Ayudamos a decorar el árbol centelleante en la sala de estar. Nuestras tías nos llevaban de compras, diciéndonos: "No miren a hurtadillas" mientras empacaban a escondidas toda clase de regalos misteriosos.

También comenzaron a hablar de que podríamos vivir con ella todo el tiempo.

La tía Ruth nos insistía para que dijéramos: "Cuando vayamos a la Corte, asegúrate de decirle al juez que quieres vivir aquí". Yo no quería lastimarla. Pero el terrible secreto encerrado dentro de mí rehusaba desaparecer.

Una noche durante la cena, el tío Jim me miró, y yo lo intuí. Nadie veía nada, nadie más lo notaba- pero yo sí. Yo no podía hablar de ello, no sabía cómo llamarlo o porqué me sentía mal, pero lo sabía.

Dejando mi puré de papás enfriarse, me levanté de un brinco y salí corriendo por la puerta. Salté por encima de la zanja, escapé hacia los campos detrás del granero. Y corrí y corrí y corrí sin saber que mis tías y mi tío me buscaban frenéticamente.

Todo el tiempo que corría, anhelaba y esperaba ver a mamá y papá que de pronto vinieran conduciendo por la carretera para llevarnos con ellos. *Yo sé que ellos vendrán. Ellos arreglarán todas las cosas.*

En lugar de eso, solo la tía Alice llegaba después de lo que parecían horas. Me encontraba tirada en la maleza, exhausta y sin esperanza. Me decía: "¡Avis! ¿Por qué quieres huir? "Les estamos dando a ti y a tu hermana un hogar tan bueno. ¡Ven conmigo ahora mismo!

Cuando regresábamos a casa, todos los adultos parecían tan molestos. Y todos tenían preguntas que yo no podía responder". Todos, excepto el tío Jim. Él se quedaba en silencio mientras los otros me hablaban sobre la "responsabilidad" y la "gratitud" y otras importantes palabras que yo no entendía.

Yo todavía no podía responder a sus preguntas. Solo me sentía triste todo el tiempo.

Huir no resolvió nada. Pero a menudo caminaba por la orilla del enorme patio verde, parada a la sombra de los grandes y viejos árboles mirando hacia el camino de tierra. Todavía tenía esperanzas de ver a mamá y papá que llegaban para mi rescate. Nadie sabía lo que pasaba y yo no podía compartir mi horrible secreto.

El tío Jim es un adulto. Esto debe ser culpa mía. No puedo decirle a nadie. Lastimaría demasiado a la tía Ruth.

A pesar de mi pensamiento infantil, yo sabía que lo que estaba ocurriendo era malo. Para ese tiempo, el problema había ido mucho más lejos de toques inapropiados durante los viajes en automóvil. Nuestro abuelo era un guardián. Cuando él salía a trabajar, Rada y yo dormíamos en su cama, ella dormía hacia la pared y yo al lado de afuera.

Lo que ni mi hermana ni ninguna otra persona sabían era que, una vez que Rada se dormía, El tío Jim venía a la cama, me levantaba y me llevaba a su recámara. "Shhhh", susurraba. "¡No hagas ruido! No despiertes a nadie". Siempre me regresaba junto a Rada antes que la tía Ruth viniera a la cama.

Ese sentimiento sucio y vergonzoso que sentía después de esas visitas nocturnas perduró durante años, yo no podía decirle nada a nadie lo que estaba pasando. ¿Quién se imaginaría que algún día yo cuidaría de niños huérfanos quienes tenían algunos de esos horrores en su pasado? Y, ¿Quién pensaría que algún día, compartiría mi historia y les traería también libertad a otras mujeres?

Solo Dios, solo Dios, quien nos da gloria en lugar de cenizas y esperanza en la desesperación. Y solo Dios podría sacarme del polvo del abuso infantil hacia una vida de servicio con otras víctimas de lo indecible.

Sacada del polvo: Sofía

Sofía era otra de esas víctimas. Cuando ella y sus dos hermanos llegaron a nosotros, era una niña flaca y sucia de once años. Se veía como la mayoría de las demás niñas huérfanas durante la admisión (el proceso que hacemos para trasladarlas al albergue), pero con una evidente diferencia.

"¡Que está embarazada! Se apresuró a decirme el doctor.

Yo no sabía muchas palabras todavía en español más de las que cuando llegué a Perú por primera vez, pero sí sabía esa: "¿Embarazada? ¡No puede estar embarazada, solo tiene once años!

A medida que nuestro personal pasaba más tiempo con Sofía, su historia salió a flote en partes. Su madre – como muchas madres en Perú – tenía un amante viviendo en casa quien estaba manteniendo la familia. La casa solo tenía dos camas, así que los chicos dormían en una y Sofía, su mamá y su amante en la otra.

Ya pueden adivinar lo que sucedió. Cada noche, el amante escogía entre la mamá y Sofía. "No le digas a nadie", le advertía su mamá a la niña. Sin él, no tenemos comida".

No sabemos cuánto tiempo sufrió Sofía lo indecible. Pero un día, tuvo el coraje de tomar a sus hermanos y huir. Los tres niños harapientos terminaron en la casa cercana de su abuela.

Cuando la mamá los encontró, explotó. La abuela llamó a la policía y no mucho después, también nosotros recibimos la llamada. El juez había decidido colocar a los niños en la 'Casa de Paz'. La última vez que la madre los vio antes de su admisión les rogaba y a ella que negaran todo y que regresaran a casa.

No existe ninguna solución rápida para el sufrimiento de Sofía. Por largo tiempo, soportó tanto. Después de algunos meses, su autoestima mejoró, pero desapareció del Orfanato cuando nació su bebé Carlos.

Sofía recién había celebrado su cumpleaños número doce.

Al principio ella no parecía amar al pequeño Carlos. Se veía todo el tiempo enojada – no un enojo audible, sino uno malhumorado y austero. Mi hermano George y su esposa, Mary, estaban sirviendo como padres sustitutos en ese tiempo. Mary hizo lo que siempre hacia y amó a Sofía a pesar de todo. Yo sé que esto ayudó a suavizar el corazón de Sofía. Pero después de que el tiempo de lactancia terminó, cuando Carlos tenía tal vez seis meses de edad, otros podían cuidar al bebé. Al fin, Sofía tuvo la oportunidad de ser una niña otra vez.

Criamos a Carlos sabiendo que su madre era Sofía, pero Sofía no permitió que la relación se hiciera más íntima. Con el del tiempo, ella hizo más y más cosas con su hijo. Se sentaba con él durante las comidas y lo cuidaba en el patio de recreo. Pero su enojo continuó — y así también esa mirada distante en sus ojos, la mirada que me decía que Dios aún tenía más trabajo que hacer.

En la quinceañera de Sofía, algo cambio. Nosotros siempre tratamos de hacer lo más que pudiéramos para estas fiestas de sus quince años. Les compramos vestidos elegantes y nos aseguramos que la quinceañera tenga muchos regalos. Para la fiesta de Sofía, hasta contratamos a un grupo de Mariachis cristianos.

La mamá de Sofía no vino a la fiesta. Ella no quería tener que ver nada con Sofía, especialmente porque su amante ahora estaba en la cárcel. A veces visitaba a sus otros hijos, pero nunca hablaba con Sofía o con Carlos.

El pastor Lujan le dio un corto mensaje especial para Sofía, mientras que estaba sentada en una silla que las demás chicas habían decorado con flores y blondas. Cuando él acabó, me pidió que orara por ella.

Caminé hacia ella y puse mis manos sobre sus hombros. Pensaba solo hacer una sencilla oración, pero Dios tenía algo más en mente. Él vertía sus palabras en mi boca: "El pasado se quedó atrás, Yo te veo como la que tú eres: una hermosa jovencita".

Sus lágrimas corrían mientras continué: "tienes un futuro nuevo por delante. Reconócelo en todos tus caminos y Él enderezará tus veredas". La oración pareció interminable, pero mientras lo hacía, un fluir Celestial inundó toda la fiesta.

Sofía se levantó de aquella silla con una nueva mirada en sus ojos y una nueva sonrisa en su rostro. Hoy, ella vive en una ciudad cercana, donde tiene una beca especial para ayudarle a terminar su secundaria. Trabaja medio tiempo y está aprendiendo las destrezas que, algún día, le permitirán traer a Carlos a vivir con ella.

Por la gracia de Dios, nuestra Sofía se ha alejado de lo indecible y ha salido del polvo.

CAPÍTULO 5

El Amor Nunca Falla

No quiero que alguien piense que mis hermanos y yo tuvimos una infancia terrible. Ninguno de nosotros diría eso. Nuestra crianza fue diferente, sí; pero nuestros padres nos amaban, y nosotros lo sabíamos. Aun con la extraña manera de pensar de papá, él siempre mantuvo (a su manera) su respeto por Dios y por su país.

Cuando viajábamos (lo cual parecía que era todo el tiempo), papá mantenía una Biblia en el tablero detrás del asiento posterior del automóvil, sin importar qué incómodos estábamos, él nunca nos permitió poner cosas encima de ella. Él nos decía: "Tenemos que dar honor a la Palabra de Dios".

Aunque, papá no fue el único de quien aprendimos a respetar a Dios. Dondequiera que viviéramos, mamá siempre trató de llevarnos a una iglesia. Para cuando nos alistaba a todos los niños, no le quedaba tiempo para asistir ella misma pero se aseguraba que nosotros asistiéramos donde estábamos cada vez que pudiéramos.

Para cuando Rada tenía nueve años y yo diez, buscábamos una iglesia nosotras mismas y arrastrábamos a nuestros hermanitos con nosotras. Nos encantaba ir a la Escuela Dominical. Durante un verano asistimos a una iglesia que ofrecía un programa de Memoria Bíblica. Recuerdo esos meses de memorizar versos como uno de los mejores veranos de mi vida.

Mamá también leía en voz alta un capítulo de la Biblia cada noche. Ya sea que estuviéramos durmiendo dentro del automóvil o sentados alrededor de una fogata, pero ella siempre se aseguraba de leer un capítulo. Si teníamos una casa, todos los hijos nos apilábamos encima de la cama de papá y mamá mientras leía. Como resultado, todos crecimos sabiendo acerca de Jesús y su importancia en nuestras vidas. Y todos aprendimos acerca de la Gracia a nuestra manera.

Me tomó un tiempo entender esta lección. Un verano, cuando tenía unos once o doce años, comenzamos a asistir a una iglesia donde hablaban acerca de ser salvo. Yo pasaba al altar y derramaba mi corazón, pidiéndole a Jesús que entrara en mi vida.

En esta iglesia en particular creían que no eras salvo si no hablabas en lenguas, así que seguí intentándolo pero nunca pasó nada. Pensaba: *'Tal vez no soy salva en verdad'*. Y pasaba una vez más cuando hacían el llamado. Regresaba a casa contenta con mi condición Espiritual — hasta que pasaba algún incidente. Tal vez los chicos entraban a la casa con sus botas enlodadas y yo los perseguía con una escoba, por lo cual me sentía mal y sentía que tenía que comenzar de nuevo. Durante un tiempo parecía que cada semana era salva otra vez.

En ese punto de mi vida, ya conocía a Jesús. Lo aceptaba a nivel de mi entendimiento. Pero no fue hasta que tuve casi treinta años cuando entendí de manera real la Gracia de Dios. Puedo mirar en retrospectiva y ver cuán a menudo Él derramaba su Gracia sobre mi familia.

A veces, Su Gracia venía en forma de milagros. Todavía hablamos de la "llanta Milagro". Una noche, en una sinuosa carretera de montañas con todas nuestras pertenencias amontonadas encima del carro como siempre, se reventó un neumático.

Papá salió a un lado del camino para examinar la llanta. "Está muy mal", nos dijo. "Está toda cortada y triturada". Elevó el auto asegurándose de que todos estuviéramos dentro. "Elise", le dijo a mamá, "No dejes que los niños bajen, los pueden atropellar".

Llevó la llanta colina abajo con sus bolsillos vacíos. Cuando se iba, todos nosotros los niños llorábamos. No recuerdo si oramos o no, pero sí recuerdo que todos estábamos muy preocupados por papá y nuestra llanta arruinada.

Papá llegó al primer taller que encontró y le mostró la llanta al mecánico de turno y le preguntó: "¿Puedes arreglarla?"

El hombre vio la llanta. "Esta toda desgastada", le dijo, moviendo la cabeza. "No hay nada que pueda hacer. ¿Por qué no vas al taller al otro lado de la calle?"

Papá siguió su consejo. Una vez más, preguntó por el mecánico y le mostró la llanta, listo para comenzar su perorata. Pero, para su sorpresa, la llanta ahora se veía normal y no estaba arruinada. Se veía sólida, entera y lista para ser usada otra vez. Mientras que papá cruzaba la calle, Dios reparó la llanta. Todo lo que el mecánico tuvo que hacer fue montar la llanta en el rin.

Papá regresó y nos contó de inmediato la historia. "No puedo creerlo. Yo no sabía lo que iba a hacer", dijo, añadiendo, "y no tenía ni un centavo. Solo Dios pudo haber sanado la llanta".

Papá puso la "llanta milagro" de nuevo en su lugar y, de ahí nos fuimos otra vez. Aunque nuestras circunstancias no habían cambiado, todos teníamos nuevas esperanzas. Dios usó la llanta para mostrarnos que seguía cuidándonos a nosotros.

Él también nos cuida por medio de personas. Donde fuera que estuviéramos, algunas mujeres piadosas nos traían ropa y alimentos y nos ayudaban de otras formas. Cuando era niña, estas mujeres significaban mucho para mí. No puedo recordar sus rostros, pero sí sus actitudes, su gozo, y lo mucho que hablaban de Jesús. Decidí que algún día, yo quería ser como ellas.

Yo recuerdo esto cuando vienen grupos de voluntarios a

ayudar a nuestros niños. Les digo: "Tal vez no te recuerden a ti, pero sí se acordarán de tu mensaje de bondad y lo atribuirán a Jesús".

Las raíces de mi propio llamado a las Misiones comenzaron con actos de bondad. Una vez, cuando mi familia seguía de viaje, nuestro carro se averió cerca de Gallup, Nuevo México. Cuando el motor se paró a medianoche, nos sentamos al costado de la carretera hasta el amanecer.

Justo después que salió el sol, una pareja joven se acercaba en su camioneta. Resultaron ser misioneros quienes servían a los nativo-americanos de allí. Cuando nos vieron, nos dijeron: "Vengan con nosotros". "Pueden quedarse en nuestra casa, y conocemos a alguien que puede reparar su auto".

Durante algunos días, mientras esperábamos la reparación, no podía dejar de observar a la esposa misionera. Ella era joven, bonita, comprometida con los niños y amaba a Jesús. Ella y su esposo habían adoptado a un niño nativo-americano de tres años de edad, y además cuidaban a otros niños — abatidos, de ese tipo que nadie más quiere cuidar.

Su hijo adoptivo tenía el pecho hundido. Cuando era bebé, su madre lo tiró al suelo durante una riña en un bar. Alguien lo pisó y le dañó los huesos de su pecho, pero los doctores creían que algún día solos se regenerarían.

Por primera vez, tuve la oportunidad de ver el amor de Dios actuando a través de los misioneros por su abnegado trabajo en lo que hacían. Mostraban bondad a todos los que encontraban a pesar del dolor que les rodeaba. Tenían poco, pero compartían mucho, con gozo y amor hacia Dios y la gente. Con solo doce años, Dios me dio el privilegio de ver su amor desplegado por medio de su servicio a los niños abandonados y maltratados.

Antes de salir, le dije a la misionera que yo quería ir a una Escuela Bíblica y convertirme también en una misionera. Ella no se rió ni me dijo: "eres muy jovencita", o "espera hasta que crezcas más". En lugar de eso, me dio la dirección de la Escuela a la que ella y su esposo habían asistido. Me animó diciéndome: "Continua siguiendo al Señor".

Nos fuimos de Gallup después de unos días, y nunca más la volví a ver. Pero Dios la usó para plantar la semilla del servicio misionero en mi corazón. Durante años, permaneció latente en mí y ninguno de nosotros esperaba que echara raíces y creciera de la manera en que lo hizo.

Como expliqué antes, mis hermanos, mis hermanas y yo tuvimos una infancia inusual. Pero, también tuvimos beneficios especiales. Mamá nos leía con garbo y gran énfasis, no solo de la Biblia sino también de otros libros. Seis de nosotros—incluyéndome a mí—sufrimos de dislexia, pero mamá plantó en cada uno de nosotros el amor por la lectura y los libros. En el auto, deletreaba palabras, resolvía problemas matemáticos, y hablaba con nosotros acerca de la vida.

"Su padre está enfermo y no siempre sabe lo que hace", nos decía mamá. "Pero cuando ustedes crezcan, deben permanecer en un lugar y trabajar. "Siempre paguen sus cuentas, sus facturas y siempre sean honestos". Mamá esperaba grandes cosas de todos los siete. Cuando alguien nos derrumbaba, ella esperaba que nos levantáramos. Y sin importar lo difícil de las cosas, ella nos decía, que tiempos mejores habrían de venir.

Mamá también sabía perdonar. A través de los años, ella perdonó a papá una y otra vez. "Si no perdonas a la gente, te volverás viejo y arrugado", nos decía, y hasta el día de hoy, yo le creo. Cuando murió a la edad de setenta y cinco años, ella todavía tenía una piel suave y hermosa.

El crecer con papá me hizo entender que la gente no te puede dar lo que no tiene. Él no conocía la verdad; su enfermedad lo hacía entrar y salir de fantasías. Una vez que entendí eso, pude perdonarle por todas las mudanzas y los empleos. Él nos dio lo que tenía—el amor, la admiración y un sentido de la unidad familiar. Cuando pienso en retrospectiva, recuerdo su orgullo aun de mis logros más pequeños. Él mostraba mis dibujos infantiles aun a extraños como si fueran grandiosas obras de arte. Nos alababa a todos los hijos por nuestros logros y puso en nosotros la confianza que podíamos hacer cualquier cosa si solo lo intentábamos.

A una tierna edad, mi hermano George mostró una gran habilidad mecánica. Con tan solo ocho años, desarmó un motor de cortadora de césped y lo volvió a armar. Papá rebosaba de orgullo. "¿Puedes creer lo que hizo ese muchacho?"

Hoy en día, no hay motor que George no pueda diagnosticar y reparar. De hecho, él sirve en su iglesia en un ministerio que arregla carros para viudas y otras personas que lo necesitan.

Muy a menudo, exigimos de la gente lo que ellos no tienen para dar. Solo Jesús puede llenar todas nuestras expectativas. Cuando amamos sin condición, nos liberamos a nosotros mismos así como a otros.

Cuando miro mi pasado de la infancia, recuerdo lo bueno. Me encanta decirle a la gente, "No desperdicies tus penas, tus dolores".

Dios no ha desperdiciado ni una pizca de las mías. Adondequiera que voy, me encuentro con personas que han sufrido alguna de las cosas difíciles y duras por las que yo pasé. Confían en mí porque saben que yo los entiendo. Eso abre la puerta para que les comparta el mismo mensaje de amor, las buenas noticias que me ayudó a salir del polvo—hacia un camino con Él.

Sacados del polvo: Fred y George Miller

Supongo que podríamos decir que mis hermanos Fred y George, como el resto de nosotros los hijos Miller, entendemos lo que es la vida en el polvo. "Vivíamos en zonas muy pobres, similares a Pacasmayo. El terreno era parecido y fuimos criados con toda clase de personas", explica Fred". Cuando vemos estos niños jugando en el polvo y todo lo demás, como fuimos criados, sin juguetes reales sino imaginarios o hechos en casa, añade: "Nos vemos reflejados nosotros mismos en ellos".

Al igual que yo, Fred ve lo bueno de nuestra infancia. "Mientras crecíamos, muchas personas nos ayudaron". Hace una pausa y sigue: "No recordamos sus nombres ahora, pero los ángeles de Dios llegaban y nos ayudaban. Es por eso que queremos hacer cosas para ayudar a estos niños".

George también mira el pasado a través de una lente positiva. "Yo le digo a la gente que tuve una excelente infancia. Disfruté con mis hermanos y hermanas, y añade: "Por aquellas cosas que pasamos—nos dieron intimidad… De la manera en que fuimos criados nos dio un amor profundo para ayudar a otros y sentir gozo al hacerlo. La forma en que fuimos criados es una historia de Dios y le agradezco a Él por todo eso".

Dios pudo habernos mostrado a otros niños con lo que podíamos identificarnos pero escogió otro lugar, para hacerlo y fue en Perú. Como dice Fred: "Cuando vemos a los niños jugando con piedras y palos—todos sudados, sucios y jugando con juguetes imaginarios, niños que no tienen suficiente para comer, nos vemos a nosotros mismos. Es un gozo el que Dios nos utilice porque Él está trabajando y haciendo Su obra por medio de nosotros. Y por medio de nuestra crianza, aprendimos que no es la casa o los muebles elegantes, sino que son las personas quienes hacen un hogar".

Creo que ninguno de nosotros lo lamenta. Y sé que lo haríamos otra vez.

Capítulo 6

Más Crecimiento

En mayo de 1958, nuestra familia se mudó antes que termináramos el año escolar—esta vez nos fuimos a Albuquerque. Allí, Rada contrajo la fiebre escarlata, y yo conseguí mi primer trabajo. Con tan solo catorce años, trabajaba como mesera de autoservicio en un pequeño restaurante llamado: 'La Hija del Granjero' en la "Ruta 66". Tengo 16 años, le dije a los dueños. Por alguna razón me creyeron.

En este negocio familiar, aprendí lo básico sobre el tiempo y el funcionamiento. Para mezclar una "malteada", por ejemplo, no debía seguir cruzando la cocina para reunir los ingredientes necesarios. En lugar de eso, debía reunirlos todos en un solo viaje.

Eso puso una marca en mi mente. De allí en adelante, comencé a pensar bien las cosas y a planear la manera más eficiente de lograrlas. Esto me ayudó mucho para el campo misionero, en donde a menudo entrelazo personas, necesidades y recursos juntos.

Cada día de pago, papá venía al restaurante a recoger mi cheque. Pero yo quería dárselo a mamá. Con papá, yo nunca sabía lo que pasaría. Discutíamos, pero la mayoría de las veces se iba con mi cheque.

Aunque, sí me dejaba quedarme con el reembolso anual de los impuestos. Utilicé el primero para comprarme una máquina de coser y el segundo para comprar un carro en Temple City, en California, adonde luego nos mudamos. Era una chatarra vieja, pero me vino muy bien.

Para entonces, tenía la suficiente experiencia de manejo porque teníamos dos automóviles familiares, un viejo Buick y un Hudson. Aun con catorce años, manejé el Buick desde Albuquerque hasta Los Ángeles durante la mudanza. "No mires a ningún lado", me decía papá. "Solo mantén tus ojos en el camino. Vas a hacerlo bien". Y así lo hice.

En Temple City, todos iniciamos la Escuela un poco tarde. Cuando papá decidía mudarse, nunca se tomaba el tiempo para recoger nuestros registros de la Escuela. La nueva Escuela los pedía, pero cuando llegaban, ya estábamos avanzados en el año académico. Para ese momento, aunque nuestros registros mostraban que no habíamos terminado el año escolar, la administración decidía no retrocedernos de año.

Todos recordamos nuestro tiempo en Temple City como el año en que Bobby se quemó. En el otoño, Carol comenzó el jardín de niños, así que mamá obtuvo un trabajo como secretaria en la 'Compañía de Insumos La República'. Un sábado, todos los hermanos estaban afuera encendiendo fósforos. De algún modo, uno de ellos saltó hasta una botella con gasolina que papá guardaba para la podadora de césped.

En un segundo, la botella prendió fuego. Bobby de doce años corrió a vaciar el líquido flameante sobre el suelo, pero en vez de eso, le cayó en sus pantalones. Gritando, corrió detrás de la casa. Nuestro hermano Art corrió hacia la otra dirección donde había un grifo que goteaba dejando un charco lodoso en el patio. Cuando Bobby dio la vuelta a la casa, Art lo derribó y lo revolcó en el lodo apagando así el fuego.

Mamá y papá corrieron para ver lo que ocurría. Después,

mamá dijo que ella pensó que los calcetines de Bobby se le habían caído bajo sus tobillos. Antes de que pudiera decir algo, se dio cuenta de la verdad. Las bolas arrugadas en sus zapatos no eran calcetines, era lo que quedaba de la piel que rodeaba sus pantorrillas y tobillos.

"Estoy bien, estoy bien", repetía nuestro valiente hermanito. Pero mamá y papá corrieron con él a la sala de Emergencia más cercana.

Por los beneficios médicos que mi mamá recibía por su trabajo, Bob pudo tener los trasplantes de piel que necesitaba. Solo la Gracia de Dios pudo proveer los recursos para salvar la pierna de Bob y las fuerzas para soportar el horroroso procedimiento.

Una vez que el Hospital lo dio de alta, Bobby tuvo un largo periodo de recuperación. Así que nos quedamos viviendo allí más tiempo que de costumbre. Rada y yo nos alternábamos faltando a la Escuela para cuidarlo como enfermeras. Papá desapareció a un sitio desconocido, y mamá tuvo que mantener su trabajo. Después de dos meses, la Escuela investigó el porqué de nuestras inasistencias. Cuando supieron lo de las quemaduras de Bobby, enviaron una profesora a domicilio. Con una tutoría tan intensiva, que al fin aprendió a leer. Por nuestra dislexia, la mayoría de nosotros, los niños Miller batallábamos con la lectura. Pero, ese año Bobby obtuvo puras Aes. Y por primera vez en la historia, terminamos el año escolar en la misma Escuela donde la iniciamos.

La profesora a domicilio también conocía un campamento para víctimas de quemaduras y arregló todo para que Bob fuera. Una beca pagó por su cuota de registro, pero un día recibimos una lista de cosas para llevar. Claro que no teníamos dinero para comprarlas. *¿Cómo iría Bobby al campamento?*

De pronto, Rada le ofreció algo diciéndole: "Puedes llevar mi cepillo dental".

"La señora Harris me pidió que le cortara su césped",

continuó diciendo Art. "Puedes llevarte lo que ella me pague". Uno por uno, todos colaboramos hasta que Bobby tenía todo lo que necesitaba.

Ese verano, de cierta manera, todos fuimos al campamento, porque nuestro hermano se llevó con él nuestro amor, nuestro apoyo y muchas de nuestras pertenencias.

Ya cuando Bobby terminó de sanarse, nuestra familia estaba de camino otra vez. Después de tres cortos saltos entre California y Arizona, arribamos a un pueblito en Arizona. Aquí, Rada y yo, junto con mi primer novio, Wayne, asistíamos a una iglesia del lugar. Casi inmediatamente, anduve de casa en casa hablando de Jesús. Wayne, Rada y yo comenzamos un grupo de jóvenes y reuníamos a los niños. Cada domingo, regresábamos para aprender más, por primera vez en mi vida estaba de verdad apasionada por Dios.

Durante este mismo tiempo, sentí que Dios me llamaba a predicar. Me sentí como Moisés: asustada hasta la muerte. Pero, así como Moisés, una vez que comencé, las palabras fluyeron. Ahora sé que el Señor me estaba preparando para llevar el Evangelio a Centro y Suramérica años más tarde.

Parecía que no pasaba mucho tiempo y ya nos estábamos mudando otra vez, — primero de regreso a California, y luego a Denver unos meses más tarde, pero yo me sentía tirando en dos direcciones: caminar con Dios y caminar en mis deseos, sobre todo debido a mi relación con Wayne.

En alguna de nuestras mudanzas, nuestra familia se retiró de la iglesia. Aun así, Jesús siguió siendo mi Salvador y mi Esperanza, y yo nunca dejé de amarlo. Decidí que la única manera de enderezar lo torcido de mi relación de noviazgo era casándome.

Wayne sabía trabajar y mantener un trabajo. Eso lo hacía especialmente atractivo para una chica que había crecido como lo hice yo. "Este es un hombre con quien puedo vivir la vida", pensé. Cumplí dieciocho años el día seis de noviembre, así que planeamos nuestra boda para la víspera de Año Nuevo. No mucho después de mi cumpleaños, Tim, mi hermana Rada y yo salíamos juntos. Rada recién había cumplido diecisiete, y Wayne le estaba enseñando a manejar. Vivíamos en casas del Gobierno, y mientras tanto, en mi último año de promoción, ya tenía trabajo en Woolworth. Para entonces, Wayne tenía su propio apartamento, aunque seguía pasando mucho tiempo con nuestra familia.

Las carreteras tenían hielo aquella tarde, así que la lección de conducción de Rada no duró mucho. Wayne se sentó adelante para poder instruirla. Era un profesor paciente, pero las carreteras resbalosas la asustaron y pronto le pidió que él manejara.

Wayne convirtió el hielo en un juego, resbalándose y deslizándose a propósito. Fuimos a parar en la altura de las colinas, entre risas y juegos. Encontramos una casi desolada estación de gasolina y con un poco de dinero que encontramos, compramos café y pastel. Como una invitación especial.

Pero la diversión terminó cuando regresamos a casa. Solo eran las seis de la tarde pero papá opinaba que ya era muy tarde. "¿Cuándo va a ser esta boda?" Gritó. "¡Debiste haber regresado aquí hace mucho tiempo!"

Eso me colmó. Entré a mi cuarto, tomé algunos libros de la Escuela y le dije a mi mamá: "¡Me voy! ¡Me voy de esta casa!"

"¡No puedes hacer eso! Mamá, ya tengo dieciocho años, yo me voy". Con mi mano todavía en la perilla de la puerta. "Solamente no le digas nada a papá". Wayne y yo nos fuimos en su carro.

Esa noche, tomé algo de mis ahorros y alquilé un cuarto grande con una cocineta en una esquina. Un policía me acompañó a casa el siguiente día para recoger algunas de mis cosas.

No mucho después, Wayne y yo decidimos irnos juntos y casarnos. A los diecisiete, parecía un niño que tuviera diez años.

Pero se las arregló para conseguir una identificación falsa y nos fuimos. Los rumores decían que te podías casar en Nuevo México sin tanto requisito, así que nos dirigimos hacia allá.

Como a la medianoche llegamos a Taos y dormimos en el carro. Temprano en la mañana, nos fuimos con nuestros documentos hacia el viejo y desgastado edificio que albergaba al juez de paz.

"Bueno, no me convencen", dijo el Oficial mientras que miraba nuestros documentos. "¿Conocen a alguien que verifique la edad del muchacho?"

"Mi madre". Hablé casi demasiado rápido. "Él ha vivido con nuestra familia por más de un año". "Entonces, póngamela en el teléfono ahora mismo".

Me fui al teléfono público de la esquina y, en lo que esperaba que fuera un susurro confidencial, le expliqué la situación. "Mamá, soy yo". Hice una pausa. "No regresaré a casa hasta que me case y no me casaré hasta que tú le digas a este hombre en el teléfono que Wayne tiene 21 años".

El pueblo entero debió haberla oído exclamar: "*¿Qué?*" Pero estuvo de acuerdo en cooperar. Mi prometido y yo fuimos a la casa del juez de paz para nuestra boda.

Pero no sin antes ponerme el vestido blanco y el velo que puse en la maletera del carro de Wayne. Recitamos nuestros votos, firmamos los papeles y recibimos un regalo de bodas no deseado en la forma de un gato montés que nos ensartaron cuando ya salíamos.

Mareados con la aventura y la emoción de haber logrado nuestro objetivo, manejamos de regreso hasta Denver para pasar nuestra noche de bodas en el cuarto que yo había alquilado.

Al día siguiente, nos despertó un golpeteo en la puerta. Papá se enteró de nuestra boda y vino para desearnos lo mejor.

"¡Bueno, pues lo lograron! ¡Felicidades!" Ese era papá, cambiando del enojo a la aceptación en un momento.

Recuerdo haber pensado de pronto que necesitaba ayudar con la Navidad de mis hermanitos. Utilicé mi descuento en Woolworth para comprar abrigos nuevos para mis hermanos y una enorme muñeca de casi un metro de altura, para mi hermanita menor. Por primera vez, podría darles regalos a todos en mi familia.

Mi vida de recién casada era buena, pero mi llamado misionero se derritió mientras que me enfocaba en construir una vida con Wayne. No me di cuenta en aquel tiempo, pero era lo único que intentaba.

Sacada del polvo: La historia de Arada

Soy tan solo un año y diecinueve días menor que Avis, así que para mí, ella siempre ha estado allí. Si no hubiera existido una Avis, mi vida hubiera sido muy aburrida.

Recuerdo una vez cuando estábamos viviendo en una casa con un patanco (un granero de maíz en forma de cuna) en su costado. Avis tenía tal vez diez años, pero puso unas bancas y un púlpito adentro e hizo que sus hermanitos nos sentáramos mientras que ella predicaba.

También recuerdo el comienzo de una nueva Escuela en Sunny Slope, en Arizona. Estábamos caminando hacia la parada del autobús escolar por primera vez cuando Avis dijo: "Rada, esta es una Escuela nueva, si lo intentamos, podríamos realmente convertirnos en líderes.

Al mismo tiempo, pensaba: "¡Wow! Espero coger el autobús correcto de regreso a casa". Eso muestra la diferencia entre nosotras. Es difícil explicar cómo fue crecer en nuestra familia. A veces, era vergonzoso. Mamá y papá se unían a una iglesia, y antes que lo supiéramos, papá comenzaba a sacar provecho de los miembros de la iglesia. Como niña, cuando pasas por eso, tomas una decisión en tu mente, "yo no quiero vivir así cuando crezca".

Pero los huérfanos de la 'Casa de Paz' no tienen forma de mantenerse por sí mismos. Por lo menos en nuestra situación, mamá y papá estaban a nuestro lado la mayor parte del tiempo. Muchos de estos niños han sido lastimados, golpeados y abandonados. Eso está más lejos que cualquier cosa de lo que nosotros experimentamos. Pero Avis tuvo un corazón para ellos.

Nuestro trasfondo nos da a cada uno una compasión especial por otros. Cuando has pasado hambre, no se te olvida. Cuando Avis mira un huérfano hambriento o una niña tirada en la calle, ella sabe lo que se siente.

Todos nosotros sabemos lo que es ser niño y sentirse solo. Sabemos lo que se siente estar del otro lado del receptor. Te hace no solo querer ser el que recibe. Como adulto, quieres dar.

CAPÍTULO 7

Más allá de "Sí acepto"

Casi inmediatamente, me embaracé. Wayne tenía un trabajo en una empresa de plásticos, y yo todavía trabajaba en Woolworth. Un mes después, mamá, papá y los niños hicieron otra de sus mudanzas repentinas. Terminaron en California mientras que Wayne y yo nos quedamos en Denver.

Lo que debió ser un tiempo feliz, fue todo menos eso. Por primera vez, estaba viviendo sin familia cerca, y no tenía ropa abrigadora para el largo invierno de Colorado. Quería terminar la secundaria, pero una vez que la Escuela se enteró de mi embarazo, rehusaron dejarme entrar. *¿Por qué no esperamos unos meses más?*

Después que los cheques de Wayne comenzaron a salir sin fondos, decidimos mudarnos a su pueblo en Arizona. Allí, por lo menos no tendríamos frío.

Vivíamos con su abuela Cherokee. Llevaba años con la diabetes y la dejaron confusa de mente, pero ella tenía un gran amor por Dios, por la gente y por su pequeña iglesia.

Recuerdo levantarme de noche y la encontraba preparando sus pasteles para hornear, su arroz o fríjoles. "La Iglesia tiene una cena de convivencia", decía. La comida estaba deliciosa, pero no se había planeado esa cena de convivencia. Comenzamos a poner candado en el refrigerador para impedir que cocinara comidas no planeadas.

Yo estaba emocionada por el bebé, pero Wayne me presionaba para que abortara. Luego, él se fue a California, dejándome con su abuela. "Puedes ir cuando yo me acomode", me dijo. Casi de inmediato, sus primos (dos chicas y un chico) le ayudaron a conseguir un trabajo en la Empresa de Carnes John's.

Me encantaba cuidar a la abuela, pero extrañaba a mi esposo y a mi familia. Como a la mitad del embarazo, tomé un autobús hacia 'La Puente' para encontrarme con mi esposo quien estaba viviendo con mis padres. Pronto, alquilamos una linda casita. Yo estaba entusiasmada por arreglarla y Wayne parecía haber aceptado la idea de ser papá.

Pero, la amistad con sus primos era solo problemas. Todos eran mayores que Wayne y lo llevaban a tomar después del trabajo. Yo estaba ocupada preparándome para ser mamá mientras que las chicas lo acaparaban. Él estaba dándose la buena vida, pero yo ni me daba cuenta que tan buena—o que tan mala—era.

Nuestra dulce bebita, Tía, llegó cerca de finales de agosto. Antes de que cumpliera dos años, me encontré embarazada otra vez, con mi matrimonio tambaleando a mi alrededor. Casi todas las noches después del trabajo, Wayne y sus primos se iban a los bares. Cuando se enteró del embarazo, algo se rompió.

Yo sabía que tendría que proveer para mis hijos y para mí, así que pedí dinero prestado a mi hermana y me aventuré al negocio de hacer sostenes a la medida. Justo después de la llegada del pequeño Mark, Wayne nos abandonó por unos meses. Y después de que Mark cumplió seis meses, regresó, listo para intentarlo otra vez.

En seguida, le ofrecieron un trabajo cerca de la ciudad de Kansas en un desecho para municiones adonde nos mudamos después de que Mark cumpliera su primer año. Luego, Wayne trabajó como aprendiz de cortador de carnes. Pero seguía encontrando más atractivas a otras mujeres que a su esposa.

En aquel entonces, el resto de mi familia estaba viviendo cerca de Lawrence, Kansas. Tomando algunas clases de Educación Continua después de que Tía nació, pude obtener mi certificado de secundaria. Ahora era el turno de mi hermano Fred. Estaba por graduarse cuando papá llegó a casa con un anuncio muy familiar: "Tenemos que mudarnos".

"No puedo irme, le dijo Fred. "La graduación será en unos pocos meses. ¿No podríamos irnos después de eso? En la mente de papá, no valía la pena esperarse solo por un certificado de secundaria (el doceavo grado). Fred decidió quedarse en Lawrence en el diminuto ático de un amigo, y nuestra familia salió del Estado sin él. Fred subsistía con sopa instantánea y pan duro, pero siguió estudiando y trabajando medio tiempo.

Él sería el primero de nuestra familia que se graduaría de la Escuela Secundaria. Un día, el director llamó a Fred a su oficina. "Lo siento hijo, pero no podemos dejarte entrar a la fila de graduación en esa facha".

"¿Qué quiere decir?"

"Tienes que cortarte ese cabello y comprar un nuevo par de zapatos".

Fred miró la cinta adhesiva que había puesto para unir la suela a uno de sus zapatos. ¿Acaso no se veía mejor así que dejar la suela suelta? Y claro, su cabello bajaba hasta su cuello, pero no tenía dinero para un corte de cabello. Solo le alcanzaba para pagar el alquiler y comprar suficiente comida para sobrevivir.

Cuando Fred me dijo acerca de su charla con el Director, yo sabía lo que tenía que hacer. Wayne y yo no teníamos mucho dinero, pero le envié lo suficiente para un corte de cabello y un nuevo par de zapatos. Yo no podía permitir que mi hermano se perdiera de su graduación. Unas semanas después, mamá,

Rada y yo rebosábamos de alegría desde las gradas al ver a Fred recibir su diploma.

Pronto, yo tenía cuarenta mujeres trabajando en mi negocio de sostenes, y no mucho después me convertí en la Administradora de Distrito. Wayne, se convirtió en un cortador de carne contratado y compramos nuestra casa. Sin embargo, no regresaba a dormir a casa por lo menos dos veces en la semana, y sus amigas lo seguían llamando a mi casa. Por fuera, éramos una dulce y joven pareja, pero por dentro, todo estaba roto.

Durante este tiempo, los niños y yo asistíamos a la Iglesia del Nazareno. Yo siempre veía a Dios de la manera que veía a mi padre natural: era bueno tenerlo cerca, pero no para confiar en él. Yo dependía solo de mí misma. Nuestra iglesia estaba cerca del Seminario Nazareno, y asistía a la Escuela Dominical junto con muchas parejas jóvenes del Seminario. Nuestro grupo bíblico rotativo se reunía en diferentes casas cada semana. Me encantaba nuestro examen de todo el año acerca de *'La Agonía del Gran Planeta Tierra'* por Hal Lindsey, fue mi primer encuentro con la profecía bíblica.

Al estudiar el libro, comprendí que Dios tiene un plan para todos los tiempos. También comencé a leer *La Biblia Viviente*, especialmente en las noches cuando Wayne no venía a casa. El Señor estaba abriendo mis ojos a la verdad, pero yo aún no tenía un compromiso total. Creía que podría ser cristiana por mis propios medios—hasta que pasó algo que se llevó mis fuerzas. Al principio, no sabía que estaba enferma. Pero no mucho después, ya no podía levantarme, y los doctores me diagnosticaron anemia perniciosa. Las inyecciones de B-12 me ayudaron, pero solo por un tiempo. Los análisis mostraban que tenía muchos más glóbulos blancos que rojos. Y permanecí acostada durante meses debilitándome cada vez más y más.

Me sentía tan aislada, tenía escozor por doquier y un dolor

insoportable. Mis cejas y gran parte de mi cabello se me cayeron. *"¿Qué está pasando? Si me muero, ¿Quién cuidará a mis hijos?"*

No podía contar con Wayne, aunque por ahora, él estaba tratando de ayudarme. Yo comencé a hacer tratos con Dios, pero seguía enferma, muy enferma.

¿Qué está pasando? Si soy una mujer buena. No deberían pasarme cosas malas a mí.

Le rogué a Dios: "Señor, Tú sabes que yo no entiendo, que no importa lo que haga, no me mejoro". Añadí mis más serias palabras. "Si no me vas a sanar, llévame, esta noche, por favor. Solamente llévame, estoy lista".

Esperé hasta la medianoche. Nada pasó. Como no morí, grité: "¡Nada soy, no valgo nada!" Le dije al Señor. "¿Para qué me querrías así?" Vivir o morir; lo que Tú quieras.

Al fin, me rendí. No podía levantarme de mi cama, mucho menos mejorar. En mi mente, uno tiene que *hacer* algo para valer algo. Y yo no podía hacer nada.

Allí fue cuando comenzaron las visiones. Como por dos semanas, cada vez que el dolor se hacía insoportable, veía una burbuja al pie de mi cama con Jesús en su interior. Cuando venía el dolor, también sentía Su poderosa presencia. Me sentía tan sola, pero ahora, ya lo entendía: *Él está conmigo.*

Me acordaba que la Biblia decía que Dios puso todas nuestras enfermedades, los dolores, los pecados, las vergüenzas y la culpa sobre Él. Él lo sabe. *Él siente mi dolor y mi soledad.* Después, yo esperaba el dolor, porque significaba que Jesús vendría.

Una noche, desperté de una siesta. Apenas anochecía y podía oír a Wayne, los niños, la televisión y a la niñera que estaban preparándose para salir. Un sonido penetrante con vibraciones profundas llenó el cuarto, haciéndose cada vez más alto.

"¿Ya vino la muerte?" Le pregunté a Dios.

Él me respondió: "No ahora, después". En cuanto Él habló,

el sonido disminuyó. *Yo quería irme con Él, pero Él me dijo: "Ahora, no".*

Sentí que el ruido exterior iba disminuyendo junto con mi dolor. *¡Él me está sanando!* Y me quedé dormida, exhausta.

Cuando desperté, ya era de día. No me sentía sanada, sino enferma. Y yo no quería tomar más pastillas. Me tambaleé yendo hacia la cocina para encender el agua y la eliminación de los desechos de la basura. Vacié botella tras botella de las medicinas por el desagüe pero las pastillas rebotaron.

"¿Qué estás haciendo?" Gritó Wayne corriendo para apagar todo.

"¡Estás loca!"

Aun en pijama, Wayne me metió en el carro. Mi doctor estaba de viaje, así que fuimos a otro especialista, quien me hizo de inmediato los análisis de sangre. Esperamos los resultados hasta que salieron.

En ese momento, escuché al doctor hablando con Wayne como si yo no estuviera allí. "Lo único que está mal con tu esposa es su adicción a los analgésicos para el dolor y otros medicamentos. Puedes internarla en un centro de rehabilitación para adictos, o puedes llevarla a casa y vigilarla.

Yo no podía creerlo. ¿Adicta yo? Pero, él continuó: "Ella no tiene anemia perniciosa. Yo no sé qué pasó pero se ha ido. Estos medicamentos son el único problema ahora.

Después que el doctor explicó el proceso de desintoxicación, Wayne decidió llevarme a casa. Esperando lo peor, me fui a la cama y dormí durante tres días.

Cuando me desperté, ya no tenía la fiebre, ni los escalofríos, ni los otros síntomas de desintoxicación que el doctor había descrito. Dios había sanado mis adicciones también.

Desde ese momento supe que algún día, yo tendría una cita con Dios. "No ahora, después", Él me lo había dicho, y yo sabía que seguiría haciendo mi mejor esfuerzo. Aun así, seguía intentando vivir la vida cristiana por mí misma. Necesitaba muchas más lecciones antes de entregarlo todo.

Durante la peor fase de mi enfermedad, vendí mi acción del negocio de sostenes a Rachel, quien había comenzado como una de mis practicantes pero pronto nos convertimos en amigas y colegas. Ella también me ayudó en mi vida cristiana y se convirtió en una de mis más fuertes colaboradoras.

A medida que mi salud mejoraba, comencé a trabajar otra vez, ahora en los Laboratorios Minnetonka. Ayudaba a distribuir su maquillaje en tiendas y entrenaba a otras mujeres a presentarlo y venderlo. Cada tres semanas volaba a Minnesota para otro entrenamiento. Era una vida trajinada. Pero a mí me gustaba.

Más tarde, me enteré que Wayne tenía otro amorío. Yo quería sacarlo de Kansas, y él estuvo de acuerdo y accedió para que intentáramos vivir una vez más en California. Rada y su esposo estaban comprando un campo de cactus en Valley Center, y planeamos asociarnos en ese negocio con ellos.

California estaba bien, el negocio de cactus era bueno. Pero, ¿nuestro matrimonio? No era tan bueno.

Después de solo tres meses en California, Wayne comenzó un romance con la vecina. Habíamos ido a consejería en varias ocasiones durante años, pero al fin me di cuenta que las cosas no iban a funcionar. Como diría una de mis amigas, "Avis, no puedes estar casada tú sola".

Eso me golpeó mucho. Habíamos estado casados durante once años, pero mi marido no había vivido como un hombre casado por lo menos en diez. Tomé la decisión de hacer lo que una vez había hecho y terminar nuestro matrimonio.

Yo no lo sabía, pero incluso estas luchas me prepararon para el campo misionero. Jesús se identificó con mi dolor. Y un día, yo me identificaría con otras mujeres en su dolor.

Sacado del polvo:
Historia del Pastor William Collacci Cecairos

He sido pastor aquí en Pacasmayo por algunos años, y los matrimonios son una gran parte de mi Ministerio. Antes, yo era un ejecutivo de una empresa de negocios en Lima. Pero venía aquí de visita, viendo todo lo que Dios estaba haciendo.

Cuando llegué aquí de visita por primera vez, vi a un hombre pateando a una mujer fuera de la iglesia. Me le acerqué, pero él cogió a la mujer del cuello y se fueron. Eso me dolió en el corazón y me ayudó para que decidiera venir aquí.

Quiero estar en el corazón de mi gente. Ellos son diferentes que en cualquier otra parte del Perú porque se sienten lejos de Dios. Vienen a la iglesia y cuando dan media vuelta hacen lo que les da la gana. Quiero cambiar los corazones de las familias y de los jóvenes adolescentes porque necesitamos cambiar esta generación.

Cuando llegué aquí, me encontré que muchos hombres tienen más de una mujer. Se casaban con una y tenían dos o tres hijos, luego los dejaban por otra mujer. Eso es lo normal aquí. Cuando hablaba con los hombres ellos me decían: "yo no puedo dejar a mi esposa". Y las mujeres decían cosas como: "yo lo quiero, yo lo necesito". Por supuesto, muchas familias estaban rotas.

Ya hemos tenido tres bodas desde que estoy aquí, así estamos ayudando a restaurar los matrimonios. Todos los días oro para poder estar en los corazones de la gente.

Mis palabras no tienen poder, pero la Palabra de Dios tiene el poder para cambiar sus vidas y también la mía. Yo uso la Palabra de Dios.

Capítulo 8

La Desesperación y la Liberación

Había llegado al punto de la desesperación— y nadie lo sabía.

Esa tarde de 1977, mientras sollozaba en mi cama, algo cambió dentro de mí.

No, pensé. Ya no voy a seguir con esto. Ya he llorado suficiente. Sí, ya estoy decidida, ¿Por qué no buscar una salida?

Divorciada. Detestaba esa palabra, pero ella me describía. Tal vez me casé muy pronto; definitivamente mi matrimonio con Wayne terminó. O tal vez me equivoqué de hombre con quien me casé. *Si Dean no me quiere, ya no me importa nada.*

Conocí a Dean, mi segundo esposo, no mucho después que mi matrimonio con Wayne terminara. Yo vivía en cuatro hectáreas de terreno en Valley, California, en donde nuestra familia era propietaria del vivero de cactus. Dean, quien vivía cerca, escuchó hablar de mí por medio de un amigo. Al poco tiempo, vino al vivero fingiendo estar interesado en los cactus.

No demoré mucho en darme cuenta de su verdadero interés. Y tampoco pasó mucho tiempo para que nos casáramos —a los pocos meses de amistad—. Pero solo unos meses después, en menos de un año, él me pidió que me fuera. Nuestro plan de juntar a dos familias no estaba funcionando. Fuera de eso, Dean estaba tomando, y saliendo con otras mujeres y tomando más. Él me pidió que me fuera porque me decía: "Tú me haces sentir culpable".

No es ninguna broma. Al principio, tomé a mis hijos y me regresé a mi propia casa remolque. Pero poco después, nos mudamos a Arizona, más cerca de donde estaba la mayoría de mi familia.

Y allí es donde esa noche, decidí alistarme para el juego de la seducción. Me senté, enderecé mis hombros, me solté el cabello y desabroché el botón superior de mi blusa. *¿De qué sirve ser buena pues? He sido buena toda mi vida, y mira adónde me ha traído. Es hora de un nuevo plan. Mi plan.*

Me miré en el espejo tramando: *Yo solo quiero divertirme un rato.*

Continué con mis preparativos cuando una voz me interrumpió: "Adelante. Intenta hacerte feliz a ti misma".

¿Qué? Dios debe haber sabido que yo necesitaba más que una voz, porque la escena fue más como una película en la pantalla de mi mente. Veía a una mujer, arreglando su casa para sus hijos y su hombre. La casa se veía hermosa, pero pronto el hombre se aburrió y vino otro. La misma escena se repitió con otro hombre, otra casa, otro hombre y otra casa. Al final, vi a la mujer, se encontraba vieja, arrugada, utilizada y desgastada.

Yo era la mujer.

En ese momento, supe que Dios me estaba ofreciendo una elección: Su camino o mi camino, vida o muerte. Ya no debía estar vacilando más como cristiana, manteniendo opciones abiertas. Ya no más un pie adentro y otro pie afuera.

Yo le respondí a Dios tan directo como Él lo hizo conmigo cuando me habló tan claro: "*Con mis hijos, o sin mis hijos.*

Con mi esposo o sin un esposo. Jesús, yo te seguiré hasta el día en que muera".

¿Qué era diferente de las otras ocasiones en que le di mi vida a Dios? Durante muchos años, me había considerado cristiana. Entonces ¿Qué hizo la diferencia?

Tres cosas: la confianza, el compromiso y la dependencia. Ya no estaba confiando en mí misma o en mi propia habilidad de ser buena. En lugar de eso, yo estaba poniendo mi fe en Cristo y haciendo un compromiso con Él. Me encontré de repente y totalmente dependiente de Jesús y del precio que Él pagó por mí en la Cruz. Salí del polvo no de uno, sino de dos matrimonios, estaba cediendo el control al que me había aferrado por tanto tiempo.

En ese momento, una ola de paz absoluta me inundó. *Dependiente de Cristo.* ¿Quién iba a pensar que encontraría tanta paz allí?

Casi al mismo tiempo, Dios estaba tratando con Dean, cuyo problema de borracheras nos había destrozado. Allá en Valley Center, estaba ocupado trabajando como comprador de aguacates (paltas) durante el día y cerrando los bares en la noche.

Una noche nefasta, perdió la noción y salió por la puerta de su camioneta a un lado del camino. De algún modo había puesto el vehículo en neutro con las luces y el motor en marcha. Esto ya le había ocurrido antes, pero esta vez fue diferente. Allí en el polvo, Dios le trajo a Dean también una película en su mente. Su vida entera pasó frente a sus ojos. Y él estaba enfermo—tan enfermo que él creía que se estaba muriendo.

Durante los días que pasaron, un pensamiento seguía rondando por su mente: *¿Adónde va a parar todo esto?* No lo podía esquivar. *¿Cuándo va a terminar todo esto?*

Allí, sobre el costado de la carretera, Dean se enfrentaba a la misma elección que yo: vida o muerte. Él exclamó: *"Dios, siento todo el caos que he hecho con mi vida, yo sé que no puedo remediarlo. Solo Tú lo puedes hacer".*

"Dios, te imploro las fuerzas para confiar en Jesús". Y desde ese momento en adelante, nunca más tomó un trago de alcohol. Salió del polvo, Dios comenzó a edificar algo maravilloso.

La confianza, el compromiso y la dependencia. Los elementos que me trajeron nueva vida también hicieron lo mismo por mi esposo. Y yo no me daba cuenta que algo había cambiado.

Dean y yo habíamos soportado ya varios meses de separación. Pero una vez al mes, nos encontrábamos cerca de la frontera de Arizona para arreglar trámites y otros asuntos legales. Comíamos, firmábamos documentos y nos íbamos por caminos separados.

En nuestra siguiente reunión, noté que Dean no ordenó una cerveza. "¿Por qué no?" Pregunté. "Y estás temblando. ¿Qué está pasando?"

Después de una larga pausa, me dijo que no había tomado en más de una semana. Pero que no estaba listo para compartir su historia. "No te prometo nada, porque ni siquiera me puedo prometer a mí mismo que no tomaré antes que el día termine", me dijo. "Esta es una situación de segundo a segundo y minuto a minuto.

Me quedé mirando al hombre que creía conocer. Se veía viejo, canoso y cansado—pero sobrio. "Todavía no quiero hablar de esto", dijo otra vez. "Solo nos queda esperar y ver".

Un mes después, Dean llegó a mi casa en Arizona con un camión de mudanzas y nos regresamos a Valley Center. Yo no lo podía creer. Dios había restaurado lo que yo creí que para siempre lo había perdido. Y yo no había hecho nada para manejarlo, arreglarlo o controlarlo.

Dean y yo estábamos de nuevo juntos, pero la vida no fue fácil. Batalló mucho para dejar su hábito del alcohol y sufría los delirios DT (Delirium Tremens, que es uno de los síntomas por la abstinencia del alcohol). Con la ayuda de Dios, se mantuvo firme, y comenzamos a vivir juntos con los hijos de ambos otra vez: mi Tía (ahora de catorce años) y Mark (once) y de Dean eran: Glenn (dieciocho), Cindy (dieciséis), y Cleta (diez), aunque Cleta solo vivía con nosotros parte del tiempo.

Mezclar los dos grupos de niños de diferentes familias fue uno de los trabajos más difíciles que jamás había tenido. Pero Dios me dio Su sabio consejo: *"Pasa un poquito de tiempo individual con cada uno todos los días"*.

Los niños no se dieron cuenta que yo estaba haciendo esto, y al principio, solo se sentían incómodos. Pero entre más tiempo pasábamos juntos, más fluían las conversaciones.

También empezamos a hacer lo que llamábamos reuniones familiares. Nuestra regla era que cada uno tenía unos minutos para hablar sin interrupción. Todos podíamos expresar nuestras opiniones y angustias, reclamos y quejas pero Dean y yo teníamos la última palabra.

Poco a poco, nos convertimos en una familia. Claro que, enfrentábamos desafíos, en parte porque estábamos viviendo en el lugar donde comenzaron nuestros problemas. Así que decidimos mudarnos a Arkansas.

Dean siempre hablaba de este lugar como si fuera la Tierra Prometida, un lugar de vida buena y limpia. Decidimos que este cambio le daría a la familia un gran nuevo comienzo.

Nos mudamos en abril de 1979, alquilamos una casa en Prairie Grove, y compramos una tracto-excavadora. Inmediatamente, Dean comenzó a trabajar. Excavaba lagunas, hacia represas, contraía piso para granjas, hacia caminos de terracería y limpiaba terrenos. Él y su tracto-excavadora podían hacer casi cualquier cosa.

Vimos la fidelidad de Dios obrando en ese invierno. Nuestras ganancias con la máquina eran de más de $600 dólares mensuales pero Dean insistía en que diéramos los diezmos a la iglesia a la que asistíamos. Como la administradora, yo sabía que no teníamos lo suficiente para pasar el invierno y continuar pagando las cuentas.

Pero los números no limitan a Dios. Salimos del invierno con dinero extra. No mucho después, estábamos limpiando un terreno para construir una casa.

Aunque Dean ya no tomaba, batallaba con sus nervios. Una pieza rota de la maquinaria lo abrumaba y tenía que venir a buscarme. Yo le escuchaba hasta que se desahogaba y luego preguntaba: "¿Cómo lo arreglamos? ¿Dónde podemos conseguir las piezas?" Yo tenía que estar disponible para mi esposo en momentos como este, así que no pensaba en buscar trabajo.

Al mismo tiempo, Dios hizo crecer en mí el deseo de ministrar a la juventud de la localidad. Yo quería recoger a todos los chicos del barrio y llevarlos a la iglesia, y yo quería ir a la Escuela Dominical, no solo a los cultos. Pero Dean no estaba listo. No todavía.

Un día, mientras reflexionaba en esto, Dios me habló: *"Tú te encargas de mis negocios, y yo me encargaré de los tuyos"*. Yo sabía lo que me quería decir. Si yo recogía a los chicos del barrio y los llevaba a la iglesia, Él se encargaría de Dean.

Y así lo hizo—de una manera mucho mejor de lo que yo lo hubiera hecho. Dios con ternura lo guió a través del proceso de sanidad hasta que un día, Dean vino conmigo a la Escuela Dominical, a los cultos y a casi todo lo demás. No mucho tiempo después, se unió a un grupo de música gospel.

Dean, cantaba de su testimonio en las Iglesias de todo el suroeste de los Estados Unidos con su voz profunda de barítono. Su canción favorita, era de Bill y Gloria Gaither: *"Gracias al Calvario, ya no vivimos más aquí"*, parecía describir perfectamente su vida.

Recuerdo este tiempo como un momento de gran sanidad. Pasé muchas horas a solas cuidando el jardín, agradecida a Dios por Su presencia, Su provisión y Su abundancia. Cultivando largas conversaciones con Dios. En algún momento de este tiempo, aprendí que una actitud de gratitud trae Su presencia. Y Su presencia trae el gozo del Señor, que es nuestra fortaleza.

Dios me permitió quedarme en casa, darles a mis hijos el apoyo que necesitaban y ayudar a mi esposo con su negocio de excavación. Dean decía que mi trabajo era mantener el jardín y cuidar de los niños. Él tenía una creencia firme de no gastar más de lo que teníamos, así que valió la pena nuestra hipoteca porque pagamos la casa en tan solo ocho años. Nuestro tiempo en Arkansas era sencillo pero bueno y Dios continuó aumentando mi deseo de enseñar a la juventud acerca de Jesús. Otra mujer y yo nos hicimos cargo del grupo de jóvenes en la Iglesia Bautista Libre de Sulfur, y con Su ayuda, el programa creció hasta tener cincuenta jóvenes.

A través de este camino de fe, Dios me hizo crecer, adondequiera que fuera, recogía chicos y compartíamos con todos de Él. Participé en el Compañerismo de Estudio Bíblico (CEB) durante cinco años, el fruto fue para enraizarme en la Escritura. Durante dos de esos años, ayudé en el grupo de niños.

Mi nuevo conocimiento Bíblico me dio nuevas fuerzas. Poco después, ya estaba enseñando a los adolescentes junto con las mujeres misioneras, los adultos y en los servicios del domingo por la noche. Yo no lo sabía, pero Dios me estaba preparando no solo para el siguiente paso, sino para varios pasos en el camino que me tenía más adelante. Poco a poco, me estaba sacando del polvo.

Sacada del polvo:
Historia de Pilar Murrugara Flóres

La Hermana Avis tiene un verdadero corazón para las mujeres. La conocí hace unos nueve o diez años, ella tenía un Estudio Bíblico en la casa de una vecina, y yo fui a ver qué estaba sucediendo allá. La encontré predicando a las mujeres. Cuando terminó, hablé con ella y fue muy amable conmigo, me trató muy bien, asistí a otra reunión de estas e invité a muchas amigas.

Poco después, Avis nos dijo que iba a comprar un terreno para construir una iglesia. Pasó un tiempo, y ahora tenemos este lindo edificio. Antes, este lugar era solo basura, pero ahora es hermoso. Nunca me imaginé este lindo lugar aquí.

Antes de conocer a Avis, yo no tenía una relación personal con Jesús. Tenía muchos ídolos en mi casa. Encendía velas delante de ellos y cuando necesitaba algo, les pedía que me ayudaran.

Cuando se construyó la iglesia, no empecé a asistir inmediatamente. Pero la hermana Avis me seguía visitando. Recuerdo que me decía: "¡Te necesito en la iglesia!" Aunque no estaba segura si debía hacerlo, un domingo me decidí a venir.

Era una mañana hermosa, y el mensaje que dio la hermana Avis me tocó. Decidí entregar mi vida a Jesús y mi vida cambió. Ahora, oro en cuanto despierto y durante todo el día. Mi esposo y mis hijos vinieron a la iglesia también y todos excepto el menor nos hemos bautizado.

Nuestra vida familiar es mucho mejor ahora que antes. Mi esposo dejó de tomar y ya no me golpea o me maltrata. Él y yo siempre estamos hablando de Jesús y mis hijos también siguen a Dios. Le agradezco por este cambio en mi familia. La hermana Avis y la iglesia son una bendición para que muchos tengan la oportunidad de venir y conozcan a Dios.

CAPÍTULO 9

Enseñando y Aprendiendo

Entre más aprendía, más enseñaba. Probablemente porque tenía hijos adolescentes en ese tiempo, me era más fácil relacionarme también con otros jóvenes.

Recuerdo que recogía a los jugadores de fútbol, incluyendo a mi hijo Mark de la Escuela los miércoles por la noche, para manejar veinte kilómetros hasta la iglesia para ir al Estudio Bíblico. Mark y yo teníamos buena relación, y en esos viajes, él y sus amigos se sentían libres para hablar. Me preguntaban de casi todo: sobre el sexo, las drogas, la escuela y la vida en general. Así que algunos de ellos tenían a un adulto con quien pudieran hablar con confianza. En los viajes de los miércoles por la noche, había mucho aprendizaje en aquel viejo Cadillac.

Yo escribía en una pizarra mientras enseñaba el Estudio Bíblico para los jóvenes, aunque al principio eso me asustaba. Sabía que mi dislexia aparecería y no esperaba misericordia de los chicos. Pero mi deseo de enseñarles acerca de Jesús me ayudó a superar mi temor.

Cuando enseñaba, levantaba la Biblia y decía: "Dios quiere que les enseñe lo que hay en este libro. Hay algunas palabras difíciles, que no puedo ni pronunciar. Pero Él me ha dado un buen entendimiento de lo que significan, así que cuando escriba algo en la pizarra, quiero que Chad [el chico más listo de la clase] se asegure de que está bien escrita y deletreada correctamente".

Como cincuenta chicos asistían al Estudio Bíblico. Ellos se turnaban para leer la Escritura en voz alta. Algunos podían leer bien, pero otros de los fornidos jugadores de fútbol tenían dificultad. Dios hizo una obra maravillosa. Cuando les llegaba su turno, en lugar del acostumbrado "yo paso", estos grandes jugadores de fútbol leían. Tal vez se trababan, pero lo intentaban y nadie se burlaba de ellos. Después de todo, si alguien se reía de su lectura, entonces tenían que reírse de mí también.

Los chicos y yo teníamos una relación de mutuo respeto. Maduramos juntos al estudiar la Biblia. Aquí fue donde Dios me enseñó que Él no busca habilidad, sino *disponibilidad*. Si podemos arriesgarnos a salir de la zona de comodidad a la zona del Espíritu, Dios proveerá la habilidad cuando se necesite. Él usará nuestras debilidades para fortalecer a otros.

No mucho después, estos chicos hicieron lo que ha de suceder: crecieron. Mis propios hijos habían terminado la secundaria, y perdí las fuertes conexiones allí. *¿Qué puedo hacer para entrar en el Campus de la Universidad otra vez?* Me preguntaba.

Al poco tiempo, tuve una nueva idea. Iría a la Universidad para ser una profesora—no cualquiera, sino una profesora de Educación Especial. Quería ayudar a los niños con dislexia y otros problemas de aprendizaje. Anhelaba ayudar a los niños como yo.

Estudié esta idea por un tiempo. Nadie en mi familia había ido a la Universidad, y yo no sabía cómo hacerlo. Pero entonces, me fui a la Universidad de Arkansas para ayudar a mi hijastra a inscribirse. Y allí aprendí acerca de las Becas Pell.

Yo quería comenzar mis estudios durante el verano, pero mi dislexia aún me asustaba. *¿Podría manejar el estudio de la Universidad?* Decidí tomar un curso de ciencias políticas para ver si lograba hacerlo. Yo sabía que incluía muchos nombres y fechas que pondrían a prueba mis habilidades y resaltarían mis discapacidades.

Pasé con una B. A través de este tiempo, Dios siguió incrementando mi deseo de alcanzar a los jóvenes. *Tengo que obtener una educación formal*, pensaba. Así que creció mi deseo de aprender más acerca de mi discapacidad para superarla tanto como fuera posible.

En el otoño de 1986, me matriculé en la Universidad de Arkansas como estudiante de tiempo completo. Mientras tanto, hice exámenes para confirmar mi dislexia. Los cuarenta y dos puntos en mi examen de la prueba de rendimiento (deletrear, reconocimiento de letras, ortografía y lectura) y mi puntaje de IQ 'Coeficiente Intelectual', (la variación estándar era de quince puntos) dieron un claro diagnóstico.

Ahora tenía permiso oficial para utilizar libros de texto en audio. Mi hijo me enseñó a usar una grabadora especial que podía acelerar, y yo escuchaba mis libros durante el viaje de cuarenta kilómetros a casa desde la Universidad, continuando mientras cocinaba la cena. Después, escuchaba la misma sección otra vez, mirando al libro para descifrar cualquier palabra que necesitaba. Tanto durante la Universidad como después, recibía invitaciones para hablar a universitarios de Educación Especial porque había aprendido a manejar muy bien mi discapacidad.

Durante mi segundo año, gané un premio de la Asociación Americana de Mujeres Universitarias. Yo no me inscribí, alguien debió haberlo hecho. Era presidente del Cuadro de Honor, voluntaria de la Fundación Alfabetizadora Laubach, y enseñaba lectura.

Cuatro años después de que empecé, me gradué con honores con mi Licenciatura y recibí mi Maestría el mismo día. Mi madre, quien vivía con nosotros, fue con nosotros para la celebración especial en el Campus de la Universidad de Arkansas.

Papá ya había fallecido, casi unos ocho años, pero al caminar sobre la plataforma, todo fue como un triunfo. Me sentí como si él estuviera allí conmigo diciéndome: "¡Esa es mi hija!" podía escucharlo mientras caminaba entre lágrimas por el estrado.

Ese día, Dios sanó algo dentro de mí. Papá no hubiera comprendido todo lo que yo había logrado, pero él se hubiera emocionado. Sin importar el caso, él siempre se sentía orgulloso de nosotros sus hijos. ¡Vaya regalo de graduación de mi Padre Celestial!

Ese otoño, mi carrera de docente comenzó en una primaria de Educación Especial donde, durante los primeros días, los niños jugaban con mi empatía. "Señorita. Goodhart, los demás niños se burlan de nosotros en el recreo".

Yo escuchaba la triste historia, pero también miraba lo que mis niños podían hacer. *Me di cuenta que estaban respondiendo como víctimas. Quieren que vaya afuera, les grité a las demás profesoras y discipliné a los niños que los estaban molestando. Pero ellos también creen que pueden comportarse como a ellos les dé la gana.*

Cuando ya desperté de su manipulación, tuve que aplicar disciplina—no con los otros niños que intimidaban, sino con los míos. Al final de la primera semana, yo estaba lista.

"¡Siéntate y guarda silencio!" Les dije a mis estudiantes. Uno de ellos había gateado bajo su silla y otro estaba ingiriendo pegamento. "Deténganse y hagan caso".

Ya tenía la atención de todos. "¿Quieren estar en la clase especial por el resto de sus vidas? ¿O quieren ir a las clases normales como el resto de los niños?"

"Las clases normales", dijeron al unísono. ¡Pero no sabemos cómo!"

"Yo les puedo enseñar cómo, si dejan de comportarse como bebés". Seguí con mi discurso con sentido. "Tienen que saber al menos un poco de las cosas que no hacen bien". Escuché murmullos, así que añadí, "miren, yo tengo discapacidades de aprendizaje también, y sé exactamente lo que ustedes pueden y lo que no pueden hacer. No me pueden engañar porque ¡Soy una de ustedes!"

"Ellos no lo podían creer. Ese día, me fui a la oficina de la directora y le dije lo que estaba pasando. Estos niños tenían mucho más potencial del que estaban mostrando. Con algunas excepciones, todos podrían ser transferidos pronto a las clases normales.

Cuando ya expliqué la situación, la directora estuvo de acuerdo. Aunque tenía una preocupación. "¿Te das cuenta que tus palabras te dejarían sin trabajo?"

"No me importa. Yo quiero lo mejor para los niños".

En ese punto, la directora tuvo otra sugerencia. La secundaria estaba clamando por profesoras de Educación Especial. En poco tiempo, ya estaba trabajando mediodía en la primaria y mediodía en la secundaria.

En ambos lugares, me di cuenta de una profunda batalla espiritual. En la escuela primaria había una marcada división entre los profesores que eran cristianos y un grupo de ateos que parecían oponerse a casi todo lo que hacíamos. Una vez por semana, un grupo de nosotros se reunía en el sótano de la Escuela para orar por la escuela, la directora, los maestros y los estudiantes. Recuerdo el día que encontramos al conserje de la Escuela escuchando en lugar de limpiar. Lo trajimos a nuestra reunión y él llegó a conocer a Cristo ¡Aleluya!

En la secundaria, no pasó mucho tiempo antes que mi fe se convirtiera en un problema. Alguien se quejó después que me vio llevando una Biblia. "Yo pensé que esto era América", le respondí. "¿No puedo llevar una Biblia en cualquier momento?"

En los seis años que enseñé en ese Distrito Escolar, me reportaron por lo menos siete veces por actividades sospechosas tales como orar en silencio por los niños, o pegar un afiche que decía: *"Dios está en todos nosotros"* que uno de mis estudiantes había hecho y poniendo una escena del nacimiento de Jesús. Los padres de mis estudiantes lo sabían y ellos me apoyaban en todo. Eran los de fuera de mi salón quienes causaban problemas. La batalla se hizo evidente más y más.

Dios usó esta oposición para incrementar mi dependencia de Él. Se necesitaba valor más allá de mi habilidad para entrar a un salón de clases y enseñar lectura cuando yo no podía pronunciar todas las palabras o corregir todas las letras. A veces, me congelaba. Me había graduado con documentos elocuentes y letras que precedían a mi nombre, pero me preguntaba si alguien me los quitaría.

Como por ese tiempo, descubrí un invento maravilloso llamado el "deletreador Franklin". Te permite escribir una palabra de la forma como tú crees que es, y aparece una lista de palabras para escoger con opciones ortográficas. También lee la palabra en voz alta cuando la escoges haciendo clic sobre él. Utilizaba el deletreador para enseñar lectura en el sexto grado. Pero Dios me estaba enseñando a confiar más en Él que en la tecnología.

Cada mañana de camino a la Escuela, me ponía la armadura de Dios (Efesios 6:11-18). Él estaba agudizando mi conciencia de la batalla para prepararme para las Misiones y los ataques que enfrentaría allá. También estaba moviendo mi corazón fuera del aula hacia la Obra que Él tenía para mí en el extranjero.

Mi trabajo con los estudiantes era importante, no tenía la más mínima duda. Pero Dios tenía muchas vidas más lejos quienes necesitaban ser sacados del polvo hacia una relación con Él. Y yo no sabía que tan pronto—o cómo—me movería Él hacia allá.

Sacada del polvo:
¡Sigue la bolsa! (como lo cuenta Fran Turner)

Go Ye Ministries tiene estrechas conexiones con las Escuelas del área. Y yo siempre recuerdo que esos vínculos comenzaron con algunas instrucciones peculiares.

El primer año que llegamos a Perú [de Canadá], todo era una aventura. Estábamos muy lejos de nuestra comodidad. Un día, salimos a ministrar, pero yo me enfermé y tuve que quedarme. Pero antes de que salieran, quise orar con mi grupo. Allí Dios me dio una palabra definitiva: "¡Sigue la bolsa!"

No tenía idea de lo que eso significaba. Pero tan pronto como terminó la oración, abrí mis ojos y vi una bolsa volando en dirección contraria a la del viento ¡Qué tal el susto! Dios le mostró a otros miembros del grupo pistas como "niños" y "uniformes" y "al otro lado".

Todavía me sentía enferma, así que me fui a mi cama y dormí toda la mañana. Pero mi equipo siguió la bolsa y las demás pistas iban directo hacia una Escuela.

En ese mismo primer viaje, ese primer año, mi equipo se conectó con los profesores. ¿Podrías creer que en ese día, veintidós profesores y alumnos entregaron su vida a Cristo? El líder de mi equipo de Canadá también era un profesor y se conectó con las personas de la Escuela de una manera especial.

Debido a las conexiones hechas ese día, los niños de la 'Casa de Paz' comenzaron a asistir a esa Escuela. En aquel tiempo 'Go Ye Ministries' no tenía todavía la escuela Generación de Líderes (Generation of Leaders). Así que sus niños asistían a esta Escuela. Dios uso nuestro 'Pregúntale al Señor'—y me mostró una bolsa en el aire—para conectarnos con ellos.

Capítulo 10

Redención

La batalla espiritual en la Escuela parecía pequeña comparada con lo que iba a enfrentar en el campo misionero. Percibí algo de ella la primera vez que visité Honduras. ¿Recuerdan las valijas de ropa y otras cosas para niños que casi no me dejaron poner en el avión (Capítulo Uno)? Eso me dio una idea del trabajo y la batalla que vendría.

En ese mismo viaje a Honduras, tuve el privilegio de servir junto al pastor asociado de la Iglesia Gerizim. El pastor Oscar me llevó a orar a la casa de una mujer en su etapa final de la muerte.

Esta mujer tenía varias hijas quienes no conocían a Jesús. El pastor Oscar y yo podíamos sentir la batalla, pero también podíamos sentir el poder del Espíritu Santo. Durante nuestra visita, Su presencia se hizo tan fuerte que una de sus hijas cayó de rodillas, llorando arrepentida antes que orara por su madre. Después, supimos que la mamá fue sanada—y todas sus hijas dieron sus vidas a Cristo. ¡Aleluya!

También viajé al campo, al orfanato auspiciado por la Iglesia Gerizim. Cuando venían grupos de estadounidenses, ellos cocinaban y vivían aparte de los niños. Pero Dios me dio instrucciones diferentes. *"Todo lo que ellos [los hondureños] te den de comer y beber, hazlo con ellos"*. También me dijo algo más: *"Cuando estés enferma, no le digas a nadie sino a mí"*. Desde entonces, estas dos palabras específicas del Señor se hicieron una parte clave de mi Ministerio y hasta ahora.

Roberto Ventura que es el pastor principal de la iglesia Gerizim debió haber notado mi relación con los lugareños. Por lo tanto, me invitó a que fuera con él a lo alto de las montañas en donde pocos norteamericanos habían estado. Yo sentí que Jesús me pedía que fuera.

Algunas aldeas eran muy remotas para llegar en automóvil, así que escalamos camino arriba con nuestros suministros y enseres y teníamos reuniones a la luz de una antorcha. El pastor Roberto me decía: "predica ahora". Y Dios siempre me daba algo que decir.

La mayoría de estas personas no sabían leer, pero sí sabían adorar. Me encantaba compartir la Palabra de Dios con ellos mientras que ellos compartían el Espíritu de Dios conmigo.

En ese mismo viaje, visitamos un pequeño café en una casa. El Pastor Roberto y yo nos sentamos solos en una mesa.

"¡Hallelujah!" Dijo él.

"¡Hallelujah!" Respondí. "¡Praise the Lord!" ("¡Alabado sea el Señor!")

"¡Praise the Lord!" ("¡Alabado sea el Señor!") respondió: "¡Coca-Cola!"

"¿Coca-Cola?" Le respondí, y ambos nos reíamos. El pastor acababa de decir todas las palabras que sabía en inglés.

Pronto, nos trajeron algo que se llamaba sopa de maíz agrio, servido en soperas hechas de mitades de cocos. Hasta entonces, mi estómago estaba resentido, pero la sopa pareció solucionarlo.

"Buena misionera", le dijo el pastor Roberto a Gladys.

"¿Por qué?" Pregunté después de que ella me tradujera.

"Porque te comiste la sopa". Dijo.

Este viaje levantó mi fe enormemente, no dudo que el poder de Dios siga obrando todavía como lo hizo cuando Jesús caminó en esta Tierra. Y él hará cosas más asombrosas a través de nosotros si tan solo nos disponemos para él.

Aun antes de mi viaje a las montañas, me habían pedido que hablara en reuniones de mujeres en el centro de Tegus, yo nunca antes había predicado, mucho menos hacer un llamado al altar. Me pasé el día anterior a la reunión orando en el Espíritu, como dice Judas 20 y buscando a Dios. *Señor, úsame*, oraba mientras caminaba hacia adelante y hacia atrás. *No sé lo que estoy haciendo. Tienes que ser Tú, no yo. Si Tú no te manifiestas, entonces nada sucederá.*

Sentí que Dios me pedía que compartiera acerca del abuso sexual de mi pasado. *Seguramente que no, Señor.* Al día siguiente, un chofer uniformado me llevó al Hotel en un automóvil particular con varias otras mujeres del grupo. Oramos en el Espíritu durante todo el recorrido. En lo alto del Hotel, en una lujosa sala para banquetes, 125 mujeres bien vestidas se sentaron alrededor de unas mesas cubiertas con manteles de lino blanco. Me sentaron junto a mi traductora en la mesa principal. Después de que comiéramos, yo iba a predicar.

Orando en silencio, comencé mi charla compartiendo mi testimonio. *"Diles sobre el abuso"*, me insistía el Espíritu Santo.

¿Qué? Yo nunca he hablado de eso en público. Casi ni he hablado de ello. ¿Y con un grupo de mujeres adineradas a quienes ni siquiera conozco? Dios, ¿Estás seguro?

Claro que sí lo estaba. *"¡Quiero que les digas tu historia!"*

Entonces, les dije sobre el abuso continuo de parte del tío Jim y de otro tío quien también me había tocado inapropiadamente. "Me sentía atrapada", les dije a las mujeres. "Sabía que debía ser una niña mala y que lo que pasaba era mi culpa".

No había susurros ni siquiera se escuchaba el tintineo de los vasos – todo pareció detenerse mientras que continuaba.

"Mi vida estaba llena de infelicidad, culpa y oscuridad", les dije. Luego, expliqué el regocijo de la vida en Cristo pero no me detuve allí. "Incluso después que conocí a Jesús, mi vida todavía tenía un vacío por lo que me sucedió cuando era una niña".

Continué. "Pero un día, después de casada con Dean, mi tía Ruth llamó. No había sabido nada de ella tal vez en veinte años, pero ella y el tío Jim querían venir a verme".

Miré alrededor del cuarto antes de añadir: "No lo podía creer." Me sentía como esa niña atrapada del pasado". Comencé a orar en el Espíritu hasta que una paz me inundó. Y luego, Dios habló: *"Estoy haciendo algo grandioso, si solo confías en mí y tienes el valor de experimentarlo"*.

"Esta pareja que nunca viajaba y que nunca antes había salido de Ohio estaba viajando por nuestra área y querían vernos", continué. "Yo me encontraba entonces en la mitad de mis treinta", así que el tío Jim estaba en la mitad de los sesenta años. Y yo estaba tan asustada como cuando era niña a la edad de ocho años.

"Yo le había contado a mi esposo todo sobre lo del abuso. Sabía que tenía que perdonar a mi tío, y Dean comprendía también eso.

Las mujeres parecían estar inmersas en mi historia, así que continué: "Ellos nos llamaron cuando llegaron a Prairie Grove. Les dijimos que los encontraríamos. Ya que solo había un teléfono público en nuestro pueblo, supimos exactamente donde estaban".

"Manejamos hacia el pueblo, nos estacionamos y los vimos como a media cuadra de distancia. Salí de nuestro auto mientras que Jim salió del suyo y corrió hacia mí, con su cara fruncida de dolor y remordimiento. Me suplicó, '¡Perdóname! ¡Por favor, perdóname!'"

Me detuve. "En ese momento, Dios derramó Su Gracia. "¡Estás perdonado!" le dije. El tío Jim dio un suspiro de alivio.

"Esta decisión me liberó. El dolor que me ataba se fue. Para entonces, la tía Ruth llegó donde estábamos nosotros. Creo que ella jamás supo lo que pasó hacía tanto tiempo.

"Dios nunca causa algo como el abuso sexual. Vivimos en un mundo caído, y cosas malas llegan a nuestras vidas. Yo sabía que Dios era bueno, pero no estaba segura de que pudiera amar a alguien como yo".

La sala seguía en silencio.

"Yo no hubiera ido hacia el tío Jim, así que Dios me lo trajo. Al crecer mi fe, Jesús se hizo el Señor de mi vida, y yo comencé a ministrar a otros". Miré las expresiones intensas. "Dios usó cada pizca de mi pasado. Yo conozco lo maravilloso de la sanidad porque sé lo que Él hizo por mí. ¡Y Él también lo puede hacer para ti!"

No sabía qué hacer enseguida, así que cerré mis ojos y comencé a cantar en el Espíritu. *"Pregunta quien más ha sido lastimada así"*, me impulsaba el Espíritu Santo.

Luego, *"Haz que se pongan de pie"*. La mitad de las personas en la sala se levantaron.

Continué siguiendo el Espíritu. "A las mujeres que todavía están sentadas – si eres cristiana, levántate y toma la mano de una de tus hermanas que están lastimadas".

"Ahora, todas las que han sufrido el abuso: Mírate a ti misma como esa triste niña, sola y avergonzada, encerrada en tu secreto. Jesús viene y te levanta y su amor fluye directo hasta tus heridas. "¡El Señor te dice: 'En mí estás segura!'"

Por toda la sala, había mujeres de pie, llorando y abrazándose las unas a las otras. "Quédate aquí y deja que Él te abrace", continué. "Relájate. Siente Su paz, Su sanidad y la bondad de Dios. Deja ir todo lo que te ha mantenido atada – el dolor, la vergüenza, los secretos, la culpa, la violación, la inseguridad, la intimidación. Te robaron la inocencia de la juventud, las sonrisas de tu espíritu. Sumérgete. Tú y Jesús pueden regresar a ese tiempo juntos cuando estés lista".

Mientras hablaba, miraba las reacciones de las mujeres, mientras estaba orando. "Está bien. Nada te puede hacer daño. Solo sientes el abrumador abrazo del amor de Jesús. Delicadamente, te lleva de vuelta adonde pasó el abuso. Está oscuro, feo y aterrador, pero Él te lleva en Sus brazos, consolándote y guiándote. Él será tus ojos al hacer tu decisión de mirar a esa persona otra vez".

"Sigues siendo esa niñita, pero protegida por Jesús, ahora puedes ver a tu abusador de una manera diferente". Una vez más, respiré hondo. "Ahora –así como mi tío Jim– ya no es aterrador sino que está lleno de remordimiento. El perdón llega a tu corazón y eres libre. El secreto vergonzoso desaparece". Dios me siguió dando palabras que yo ni sabía que tenía. "Mientras vas saliendo, Jesús se arrodilla delante de ti y te viste con un hermoso vestido blanco. Ahora eres la niña que Él quiso que fueras, corriendo; feliz y libre de agonía. Hoy, tú sales del pasado de dolor, lista para el futuro".

Para entonces, cada mujer en la sala, lloraba gozosa, eran lágrimas sanadoras. Les di tiempo para que se abrazaran, oraran y que lloraran un poco más.

Una vez más, no sabía qué hacer, así que cerré mis ojos y de nuevo volví a cantar en el espíritu. Cuando abrí mis ojos, justo la mujer que estaba frente a mí lloraba tan fuerte que temblaba. Fui hacia ella con compasión pero no podía tocarla porque el púlpito estaba entre ambas. Ella cayó al piso.

¿La maté? Me apresuré a ir alrededor de la mesa. Rogando que viviera, arrastré a mi traductora conmigo. Otras la ayudaron a ponerse de pie. El Espíritu me dio palabras, y volvió otra vez a caer.

Esa noche, sucedió un milagro. Dios me dio palabras individuales para muchas de las mujeres allí, lo cual trajo una sanidad increíble.

¡Nunca he visto algo así! *¡He leído de esto en la Biblia, pero ahora está pasando!*

Después de terminada la reunión, todo lo que podía hacer era yacer postrada delante de Él. Yo nunca había estado así bajo la unción.

Supe que mi vida fue cambiada para siempre. Dios me estaba usando – la indigna, sabe-nada de mí. Estaba llena de gratitud. No sabía que esto pasaría, pero Jesús las sanó a todas. Hasta entonces, yo nunca había compartido mi historia completa, pero desde ese día, Él la ha utilizado amorosamente muchas veces.

A la edad de cincuenta años, estaba en mi primer viaje misionero, viajando sola. Ahora entendía la razón de tanta oposición: Dios quería usar mi historia de dolor para liberar a otros. Y yo sabía que Él tenía mucho más por hacer.

Después de dos meses, regresé a mi aula de clases, pero estaba ansiosa de regresar a Honduras para ver lo que Dios tenía por hacer.

Sacados del polvo: Jorge y Margarita (Como lo contó Isabel)

A Dios le encanta obrar de formas inesperadas. Hace algunos años, un anciano llamado Jorge comenzó a venir a la iglesia Marcos 16:15. Caminaba lento, con diminutos pasos, pero venía cada domingo a la iglesia. Tenía que salir temprano de su casa, para llegar a tiempo porque siempre se sentaba en la primera fila.

Después, se enfermó tanto que ya no podía ir a la iglesia. Audén era el pastor de la iglesia y él tomó a algunas de nosotras para ir a visitar a Jorge a su casa. El anciano nos explicó que él ya había entregado todo su pecado a Jesús – que él había sido salvo ya durante tres años. "Pastor Audén, quiero que ore por mí, porque muy pronto, me voy para allá [señalando el cielo]".

Todos oramos, y yo noté que las lágrimas rodaban por el rostro del Pastor. Después, cuando le pregunté el porqué, me dijo: "Mientras orábamos, Dios me dijo que le quedaban pocos días".

La hija de Jorge, quien vivía con él, estaba ayudando a cocinar durante pocos días para un grupo de canadienses. Ella fue a ver a su papá y él le dijo: "Hija, dame un baño y límpiame".

Ella necesitaba regresar al equipo misionero, pero hizo lo que su padre le pidió. Las casas en Las Palmeras no tenían agua potable, así que tuvo que ir a la pileta para traer agua para lavarlo sentado en una silla al costado de su cama.

"Padre, tengo que irme a cocinar para el grupo", le dijo mientras lo secaba.

"Sí, entiendo. Gracias por bañarme hija mía. Dios te bendiga. Hasta pronto".

Ella se fue y una hora después, él había muerto sentado allí en su silla. Dios le avisó al Pastor Audén y también a Jorge que le quedaba poco tiempo. Y por medio de Jesús, Margarita sabía que ella lo volvería a ver otra vez.

En esta tierra, él era pobre, pero estaba limpio y listo para ir al Cielo. Dios lo levantó del polvo.

Capítulo 11

Derribada

Regresé de Honduras una mujer totalmente cambiada. No solo por lo que Dios había hecho allí, sino porque Él *me* escogió para hacerlo.

Durante años, mis ojos tenían la misma expresión triste que veo en algunos de nuestros niños. Adondequiera que iba, un sentido de vergüenza y suciedad me acosaba. Satanás estaba haciendo su mejor esfuerzo para mantenerme al margen. Y hoy en día veo a tantos creyentes en la misma condición, desplazados de su comisión por un suceso del pasado. Tal vez sufrieron abuso. Tal vez se sienten inadecuados. Para ellos, confundirse entre las bancas de la iglesia es la ruta más segura.

Es una mentira. El engañador usa nuestros propios recuerdos para descarrilarnos. Pero yo he aprendido a hacer lo que deben hacer todos los creyentes: Enfocarme en mi identidad en Cristo Jesús. En Él, todo lo puedo hacer. (Filipenses 4:13)

Somos perdonados. Nuestras limitaciones ya no nos atan. Somos la herencia de Jesús con nuevos recursos, talentos y espíritus renovados.

Hace muchos años, Dios me invitó a salir hacia mi espíritu, donde las limitaciones corporales desaparecen. Repentinamente, lo comprendí: En mi espíritu soy más grande que el yo de mi cuerpo. Nuestro espíritu unido a Su Espíritu Santo abre todos los recursos ilimitados.

Dios quiere que pensemos fuera de los límites mentales que nos trazamos. Debemos aprender a depender de sus habilidades en nosotros para alcanzar todo lo que Él nos ha llamado a hacer.

Cuando Dios me mostró estas verdades, estaba sentada en nuestra casita de campo en Arkansas, y la vida bella que Dean y yo construimos allí, nunca más volvió a ser tan linda. A la pequeña iglesia a la que asistíamos no le gustaban mis viajes misioneros. "Todas estas palabras turban demasiado a la gente", me dijo el pastor. Yo supe lo que Él quiso decirme: Enderézate (de acuerdo a la idea de la iglesia acerca de lo bueno y del cristianismo seguro) o te sales.

Nuestro pueblecito tenía varias iglesias, pero pocas o ninguna creían en ser empoderados por el Espíritu Santo al punto de hacer algo real, mucho menos en el hablar en el lenguaje Espiritual. Pero eso no me hubiera impedido servir en el extranjero. Comencé a guardar dinero y a juntar cosas para el próximo verano. Dios quería que me moviera más allá de mis habilidades. Y Él quería que hiciera más que sentarme y esperar que sus bendiciones cayeran.

Aun antes que comenzara este segundo viaje, parecía diferente. Me llamó mi hermano George para preguntarme: "Hermanita, ¿Crees que Mary y yo podamos ir contigo?"

"¡Wow! ¡Me encantaría!" Le respondí.

No pasó mucho, y ya teníamos un plan. Yo iba a ministrar en Tegus mientras que ellos servirían en el Orfanato. George podría arreglar el techo de los edificios mientras que Mary atendería a los niños.

Este viaje también trajo consigo una guerra espiritual increíble. Un pastor local me llevó al centro de la ciudad para ayudar a la gente a ser liberadas de espíritus demoniacos. Mientras orábamos, Dios liberaba y Satanás nos atacaba.

Los ataques también vinieron por causa de mi mensaje. Mi plan original involucraba el ministrar a las mujeres de los grupos de Estudios Bíblicos. Pero Dios me seguía empujando hacia congregaciones grandes, donde me sentía impulsada a compartir las enseñanzas de los Guardadores de Promesas.

"Pónganse bajo la autoridad de Dios para que puedan dirigir a su familia con integridad", yo les decía a los hombres. "Cuando hagan esto, así como el carcelero en Hechos 16, tú y tu casa, serán salvos".

Un domingo, tuve la oportunidad de hablar en los dos servicios en la iglesia Gerizim de dos mil quinientos miembros. Esa tarde, yo iba a ministrar en una iglesia hermana de algunos cientos de personas. George y Mary me acompañaron ese día. En el almuerzo, admití que estaba exhausta.

"George, no puedo hacerlo", le dije. "No puedo hablar por la tarde".

"¡Claro que puedes!" me respondió, insertando otro trozo de carne con su tenedor.

"No me queda nada", le dije. "¿Podrían hablar en mi lugar tú y Mary sobre el matrimonio?"

George y Mary no son predicadores, pero ellos viven un sermón todos los días. La gente frecuentemente le dice a Mary: "Ustedes no pueden estar casados ¡Te trata demasiado bien!".

Ellos accedieron a hablar después de persuadirlos un poco más. La gente aceptó su atrayente retrato del matrimonio como una enseñanza ordenada por Dios.

Al siguiente día, tenían planeado que me reuniera con una mujer influyente para almorzar. "¿Solo para almorzar, pero no para predicar?", les dije a los coordinadores. "Estoy exhausta".

Ese mediodía, como cuarenta personas – incluyendo a cuatro o cinco pastores – llenaron la casa de la anfitriona. Cuando me pidieron que abriera mi Biblia, otra vez Dios me dio las palabras. Pero pronto, sentí sed. Alguien me ofreció mi infusión de frutas favorita, pero no me sentía bien para poder tomarla. Sintiéndome así, seguí enseñando, y Dios tomó el control. El poder del Espíritu Santo llenó la sala, y todo lo que yo podía hacer era predicar Su Verdad.

Sin darme cuenta, habían pasado casi tres horas, y los olores deliciosos salían de la cocina. Mi boca no se hacía agua, pero mi ojo izquierdo sí. Lo sequé y seguí predicando.

Al fin, el grupo se fue, y yo sequé mi ojo otra vez. Yo no le había dado mucha importancia a lo que sucedía. Pero, Mary vino corriendo hacia mí, llena de preocupación. "Avis, te ha dado un derrame", (ACV–Accidente Cerebro Vascular).

"No, estoy bien".

Con sus manos en mis hombros, me empujó hacia el baño, donde miré mi cara. El lado izquierdo parecía haberse bajado dos o cuatro centímetros. *"¿Qué pasó?"*

"No nos preocupemos de eso", le dije a Mary mientras nos sentábamos para nuestro muy demorado almuerzo. Pronto descubrí que tampoco podía comer bien. La comida me seguía cayendo por la comisura del lado izquierdo de mi boca, así que puse mi servilleta en mi lado derecho de la cara y seguí comiendo. *Esto no me puede impedir que disfrute de esta deliciosa comida.*

Más tarde, regresé a la casa donde me hospedaba, lista para descansar. No esperaba mayores problemas, pero los demás estaban preocupados. "Tienes que ver un doctor", insistían. Después de tantas protestas, tuve que consentir, y alguien me hizo una cita para el martes en la mañana.

Pero tampoco ese plan me gustó. El martes tenía la oportunidad de ir a una iglesia para ministrar a las mujeres del Distrito de la zona-luz roja de la ciudad. El pastor dijo que podríamos sacar al aire mi mensaje a los cientos de mujeres que estaban afuera en la calle. Yo no quería perderme esta puerta abierta.

Así que después de la consulta con el doctor, llegamos a un acuerdo: Cuando llegara la hora de mi cita, alguien enviado por la iglesia me recogería. Satanás interfirió otra vez. De camino a la iglesia, un taxi chocó con nuestro carro. Aunque nadie salió herido, quedamos inmovilizados hasta que llegó la policía.

Al fin llegamos a la iglesia. No había mujeres de la calle. No había servicio. Todo lo habíamos perdido. Tampoco encontramos al enviado de la iglesia. "Él vino, pero no sabíamos dónde estabas", dijo el pastor. "Le diré a otra persona que te lleve".

Pronto me dieron un diagnóstico por mi Parálisis Facial: no fue un derrame, sino solo los nervios afectados (Parálisis de Bell, Parálisis Facial Periférica). "Generalmente sana en ocho o diez semanas", me explicó el doctor. Ya no podía cerrar mi ojo izquierdo, así que le puso esparadrapo y me envió a casa a descansar.

Una procesión de personas me visitó durante toda la noche despertándome continuamente. Los que más me impresionaron fueron los hombres fornidos que habían escuchado mis enseñanzas. Arrodillados junto a mi cama, le pedían perdón a Dios y oraban por mí. Mi asombro sobrepasaba mi dolor. *Dios sigue cambiando vidas ¡Qué privilegio es verlo obrar!*

Teníamos nuestro vuelo de regreso a casa para el día siguiente. El doctor me dio unas pastillas para el dolor, y George fue a la tienda a comprar vendas. Cuando no pudo encontrar parches para los ojos, cortó una toalla sanitaria por la mitad y la pegó con esparadrapo sobre mi ojo izquierdo.

A la mañana siguiente, caminando hacia la puerta de la aerolínea, él gruñó, "Se necesita suficiente amor para caminar en medio de un aeropuerto con una mujer cuyo ojo están cubierto con una toalla higiénica Kotex".

Le respondí: "Yo haría lo mismo por ti en cualquier momento". Aterrizamos en Dallas, recogimos la camioneta de George y nos fuimos a un hotel.

Satanás siguió atacando. Durante la noche, Mary sufrió un intenso dolor abdominal. Nos fuimos temprano por la mañana al Hospital, donde los doctores le hicieron una cirugía de emergencia en su vesícula biliar.

Las enfermeras se dieron cuenta de mi ojo y le pusieron un parche real. Sentí que mi cuerpo comenzaba a inflamarse y me di cuenta que la prescripción hondureña era corticoide. *¿Por qué se ha revelado mi cuerpo contra mí?* Pero este enemigo era mucho más poderoso que la carne y la sangre.

Enseguida, llamé a mi esposo. "Me veo un poquito diferente de cuando salí", le advertí después de contarle acerca de la cirugía de Mary. "¿Crees que podrías venir a recogernos en el viejo Cadillac?" Mary no se sentía con la suficiente fuerza como para viajar a Nebraska en la destartalada camioneta de George. Dean llegó, y Mary se quedó con nosotros mientras que George se fue a casa para trabajar. Ella mejoraba un poco cada día, pero yo cada día me ponía peor.

Satanás debe seguir enojado por lo que Dios hizo en Honduras. Pensé. Nuestro Señor había liberado de demonios a la gente, había restaurado matrimonios y sanado a un sinnúmero de ellos. Toda la Gloria era para Él. Todo lo que yo hice fue ir en Su nombre.

Mary me rogaba que fuera a mi doctor. Él confirmó el diagnóstico, y el Distrito Escolar al que yo pertenecía contrató una profesora sustituta. Estaba triste de no empezar el año escolar con mis estudiantes (muchos de ellos eran los mismos, año tras año) pero me sentía segura que pronto regresaría.

Pero para noviembre, me di cuenta que algo más estaba mal. El problema del nervio de la Parálisis de Bell ya había sanado, la inflamación se había desvanecido, y el virus que causó el problema había desaparecido. *Entonces, ¿Por qué el dolor es tan horrible?* Me preguntaba. El neurólogo que me examinaba dijo que algunos de los nervios habían sanado mal. Esto me dejó con graves espasmos faciales, mis ojos que no lagrimeaban y un dolor insoportable.

Comenzó otra ronda de largas citas médicas. Extrañaba a mis estudiantes, pero todavía no podía regresar a enseñar. Todavía, no.

Visité la Escuela en alguna ocasión ese invierno. Mi apariencia diferente no perturbó a mis estudiantes, pero mi sonrisa torcida asustó a una niñita a la que yo no conocía. Salió corriendo y en los meses siguientes, casi no salía de mi casa.

Al fin, fui a parar a la Clínica Mayo en Minnesota, donde recibí inyecciones Botox para relajar los calambres en mi lado izquierdo de la cara. Esto redujo el dolor y mejoró mi apariencia, pero el daño en los nervios causó varios efectos. No podía pronunciar ciertas palabras correctamente, tenía daños auditivos en mi oído izquierdo y la visión reducida en mi ojo izquierdo.

Algunos amigos patólogos de terapia del lenguaje me enseñaron a hablar y me hacían ejercicios para ayudarme a cerrar mi ojo. Las inyecciones, que hasta ahora sigo poniéndome cada seis meses, hacen que el dolor sea más tolerable. Todavía batallo para pronunciar palabras correctamente, pero con la ayuda de Dios, lo puedo hacer.

"¿Cómo te pudo pasar todo esto cuando tú estabas haciendo la Obra de Dios?" Me pregunta la gente a menudo. La Palabra de Dios dice que llueve sobre justos e injustos. Y la Biblia también lo dice: *"Y sabemos que a los que aman a Dios, todas las cosas les ayudan a bien, esto es, a los que conforme a su propósito son llamados"* (Romanos 8:28).

Yo sé que Dios sana. He experimentado sanidad y también he tenido el don de la sanidad operando por medio de mí. Pero a veces, Él tiene otro plan.

Después de meses de esperar, orar y buscar ayuda médica, recibí la noticia de que el Distrito Escolar me jubilaría por discapacidad. Esto significaba dos cosas: Durante los próximos catorce años, recibiría dos tercios de mi salario; y estaba libre para ser una misionera de tiempo completo.

Lo que Satanás causó para mal, Dios lo usó para bien. Y había mucho más beneficio –y muchas más pruebas– por venir.

Sacado del polvo: Historia de Fran Turner

La sanidad es todavía una parte del Ministerio de Avis. Todavía recuerdo lo que pasó durante la visita de nuestra iglesia a Pacasmayo en el 2009. El Pastor Jeff y yo dividimos el grupo para repartir víveres. Un traductor llamado Paolo, fue con nuestro grupo.

Yo quería conocer un montón de personas porque teníamos mucha comida que repartir. Estábamos en la comunidad de Las Palmeras y dije: "¡Yo voy a entrar a la primera puerta que vea abierta!"

En una de las casas de adobe, Paolo vio una puerta abierta y por supuesto, que me empujó hacia ella. "¡Yo no quiero entrar!" le dije repentinamente con miedo. Pero toqué y oí un tosco: "¿Qué quieres?" En español. La puerta estaba abierta, pero no vi nada adentro.

Nada, hasta que Paolo me empujó hacia adentro. Allí, encontré a José, un frágil y anciano señor, acostado en su cama. No miré mucho más aparte de la cama, una mesita, una silla y un piso de tierra. No había cocina y nadie más que cuidara a José.

Ya cuando vio mi piel blanca, se portó más cortés. Comenzó a hablar tan rápido que Paolo no podía traducir. Pero cuando José levantó una botella de medicina, no nos tomó mucho tiempo en darnos cuenta de que quería que le consiguiéramos un poco más.

"Mi fiebre me ha durado muchos días", dijo.

El Espíritu Santo vino. "No tengo dinero, ni tengo medicamentos, pero le daré a Jesús", le dije a José. Oramos para que su fiebre se fuera, y vi algo salir de su cuerpo.

Cuando entramos a la casa, el hombre apenas podía sentarse en su cama o moverse. Pero cuando lo dejó la fiebre, saltó de la cama, "¡Aleluya! ¡Gloria a Dios!" Nadie lo hubiera podido detener aunque lo intentara.

Salimos de allí y regresamos al local sin decir palabra. Normalmente, soy una persona bullera y habladora, pero no sabía cómo articular esto. Estaba azorada. Dios lo había hecho todo, a su manera y a su tiempo.

Aun cuando alguien tuvo que empujarme a través de la puerta.

Capítulo 12

Pero no Destruida

"Estás bajo condenación, Avis. Necesitas salir de allí".

Esas palabras vinieron de mi nueva amiga Betty. Ella era la anfitriona y estaba hospedando a nuestro mutuo amigo el pastor Roberto Ventura de Honduras. Después de saber de la reacción negativa de mi iglesia para con las misiones, me dio un consejo: "Tienes que comenzar tu propio ministerio. Mi esposo te puede ayudar.

Lo que Betty dijo tenía sentido. Yo necesitaba la bendición de mi iglesia, no su oposición. Y con mi salida forzada de la docencia, yo sabía que Dios me estaba guiando para hacer más trabajo misionero. Así que el esposo de Betty, un Contador Público, comenzó a ayudarme a establecer mi Organización sin fines de lucro y mi estatus de 501(c) (3).

Para completar la documentación, yo tenía que ser una ministra ordenada. Esa es otra historia divina, porque Él usó a un pastor a quien yo no conocía que servía en una iglesia a la que yo no asistía. Mi amiga evangelista, Carol Granderson, pertenecía a la iglesia del pastor Layton Reed, cerca de Oklahoma. Después de mucha oración, yo llamé para preguntar si él me podría ayudar a convertirme en una ministra ordenada.

"¿Por qué no vienes, y hablaremos al respecto?" me dijo. Manejé hasta allá ese miércoles, y él me preguntó acerca de mi experiencia en enseñanza bíblica y en misiones. También compartimos puntos de vista de la Escritura y de Teología. Pero ya al finalizar la tarde, todavía no hablábamos de ordenación. En lugar de eso, me preguntó el pastor Reed: "¿Por qué no te quedas para nuestro servicio de esta noche?"

"Está bien". *Yo no había planeado quedarme, pero si él lo sugería, ¿Por qué no?*

Vino hacia mí al iniciar la reunión. "Dios me ha dicho que te ordene ahora". Olvídate de la licenciatura, olvídate de apartarte. Ambos reconocimos la obra de Dios. "Después de que el coro termine, te voy a llamar para que pases al frente".

Mientras que él impuso sus manos sobre mí y oro, el pastor Reed habló algunas palabras sobre mí que todavía recuerdo. "Yo te ordeno, Avis Goodhart, con el espíritu de unidad, Salmo 133:1-3. Veo a Dios derramando el espíritu de unidad sobre ti".

Pero la ordenación no terminó con el proceso de registro. En la oficina de mi abogado, completando más documentación, tenía que dar a mi nuevo ministerio un nombre. *Todo lo que sé hacer es ir,* pensé.

"¡Eso es! Lo llamaremos 'Go Ye Ministries.'" (Del inglés antiguo: "Ministerios 'Id'")

A los pocos meses, el registro de incorporación y la ordenación estaban completos, y el estatus sin fines de lucro estaba en proceso. Yo tenía el rostro parcialmente paralizado, una etiqueta de "discapacitada", y un deseo ardiente de ir y contar. Más allá de eso, yo no tenía ni idea de lo que Dios tenía en mente.

"Señor, yo no sé nada", le dije. "He estado en un par de viajes misioneros, pero eso no me califica.

"Este ministerio será una plataforma", me dijo Dios, *"con él, puedes llevar a otros que quieren servir".* Había llegado a conocer a mucha gente de otros países que necesitaba ayuda.

"*A medida que tú y las personas que traes ministran a los de allá, Yo les ministraré a ambos; tanto a ustedes como a ellos*".

"Dios, todo lo que yo sé hacer es ir", le dije otra vez.

Lo sentí hablar a mi espíritu tan claro como si Él estuviera sentado a mi lado. "*Ve. Yo te mostraré qué hacer cuando llegues allá*".

Me había pasado la mayor parte de ese año escolar escondiendo mi rostro torcido y buscando tratamiento médico para los problemas que lo causaron. Pero llegó un día cuando mi doctor me dijo: "Tienes que socializarte más con la gente".

Él estaba pensando *en ir de compras*. Yo pensaba en *viaje de misiones*. Era tiempo de dejar de enfocarme en mi dolor. Había visto a Dios enviar a toda clase de personas en los viajes misioneros. No eran expertos de la Biblia, pero de corazones abiertos, personas con manos dispuestas quienes amaban a Jesús profundamente. Y Él hizo cosas asombrosas por medio de ellos. A veces, las mujeres de los grupos solo tenían una responsabilidad: Sostener a las mujeres mientras que lloraban. El amor cubre multitud de pecados, y a veces, un toque compasivo era lo único que se necesitaba para liberar ese punzante dolor. Me di cuenta que, *Dios me puede usar de todas maneras.*

Carol Granderson, mi amiga, que era maestra de la Biblia de Siloam Springs, iba a irse a Perú en el mes de marzo de 1997. Su Ministerio, '*Alcance Evangélico Poder y Luz*', abría Escuelas Bíblicas Internacionales y hacia viajes misioneros de corto plazo en el exterior. Sus estudiantes formaban la mayor parte del grupo, pero yo me pegué a ellos.

Primero, fuimos a Lima, Perú, a trabajar con una iglesia llamada '*Luz para las Naciones*'. Realizamos el evangelismo en las calles y ministramos a los pobres. Entonces, Carol nos pidió a tres de nosotros que nos separáramos por grupos y ministráramos en la ciudad de Pucallpa a lo largo del Amazonas.

Nos hospedamos en la humilde casa de un pastor. Esta

familia había huido de la selva por el terrorismo y los constantes combates. Dejando todo, se fueron sin llevar nada sino a Jesús y a ellos mismos. Mientras que nos quedamos allí, tuvimos cruzadas en una iglesia grande. Dios me usó incluso con mi cara torcida. La unción vino, y muchos recibieron la salvación y la sanidad.

Entonces, nos encontramos con el equipo de Carol en la selva alta, donde las personas eran muy sensibles al Evangelio. En algunas de nuestras reuniones, ministrábamos a más de tres mil personas. El viaje había terminado demasiado rápido, pero poco después hice planes para regresar.

Durante mi tiempo en Lima, conocí a María, una pastora y evangelista. Ella y el pastor principal de Luz para las Naciones se hicieron mis amigos.

"¿Puedes enseñar de la Biblia?" Me preguntó María un día.

"Sí", respondí.

"¿Podrías regresar a Perú para enseñar el Antiguo Testamento en nuestra Escuela Bíblica Rhema?" Yo había escuchado acerca de la Escuela Bíblica Rhema, una Escuela Bíblica de dos años con sede en Tulsa, Oklahoma. Para entonces, las inyecciones de Botox habían mejorado mi apariencia, y yo podía manejar el dolor. Tal vez ya no podría enseñar en la Escuela nunca más, pero ansiaba estar allá afuera para el Señor. "Mientras que mi esposo no se oponga", le dije a María, "regresaré en noviembre para enseñar".

Dean consintió, y me pasé los siguientes meses preparándome. Parecía que no pasó mucho tiempo hasta que llegó noviembre, y yo estaba diciendo adiós y haciendo el largo viaje al Perú otra vez. En ese viaje, enseñé por dos horas, cinco noches a la semana. Pasaba cada día preparando las lecciones de la noche. Un traductor les decía a mis estudiantes lo que yo enseñaba.

Batallé con la enfermedad durante el viaje, la pasé mal del estómago mientras preparaba las lecciones. Pero cada vez que enseñaba, la unción venía. Todavía seguía las instrucciones de Dios de mi primer viaje misionero: *"Cuando estés enferma, no le digas a nadie, solo dímelo a mí, y yo te sacaré adelante".*

Más tarde, me di cuenta que en los veintiocho días del viaje, había predicado o enseñado veinticinco veces. Aprendí otra vez que Dios no necesita nuestra ayuda o habilidad. Nuestra disposición y voluntad son todo lo que cuenta.

Por supuesto, el ministrar no se detenía los fines de semana cuando no teníamos la Escuela Bíblica. Tuvimos una Cruzada en Lima y vimos mucha gente venir a Cristo. Y en uno de los últimos fines de semana, hicimos la caminata de 643-kilómetros para visitar el pueblo natal del pastor Jorge, una pequeña ciudad en el norte, llamada Pacasmayo.

Me hospedé con la gente del pueblo y prediqué en una iglesia pequeñita. También conocí a tres mujeres del pobre y marginal sector de Las Palmeras, asentado sobre el basurero en las colinas de Pacasmayo. Casi la totalidad de la comunidad, se compone de mujeres que llegaron de las regiones montañosas del Perú para escapar de los combates constantes de los narcotraficantes, incluyendo el temido grupo comunista, 'Sendero Luminoso'. Muchos de sus maridos estaban involucrados en estas guerrillas, así que estas valientes mujeres, tomaron a sus hijos y se fueron.

Al principio, las mujeres acampaban en la playa. Sus únicas posesiones eran las pocas cosas que traían con ellas. Se quedaron allí hasta que el Gobierno le dio a cada una de ellas un diminuto pedazo de terreno, aproximadamente de 25 X 12 metros sobre el basurero en lo alto de la colina.

Estas tierras pertenecieron a una familia adinerada, pero nadie sabía adónde se había ido la familia. Durante muchos años, la propiedad había sido utilizada solo como basurero.

Las mujeres hicieron lo que pudieron para construir casas utilizando cartón, plástico o bambú. Vi a los niños dormir en las láminas corrugadas, con las moscas cubriendo sus rostros.

Una de las madres admitió con lágrimas que ella salía en las noches para prostituirse y así ganar dinero para sus hijos. *Y hasta allá, solo por la Gracia de Dios, yo voy.*

Antes de que el fin de semana terminara, consentí en ayudar a iniciar un comedor en Las Palmeras. *Alguien necesita enseñarles el amor de Dios, ¿Por qué no podría ser yo?*

Mientras planeábamos el comedor, yo no tenía ni idea de que Dios me llamaría a plantar mi vida allí. Pero tenía otro trabajo que hacer primero. Había comenzado a verme y a actuar más y más como una misionera de tiempo completo.

Después de un mes, regresé a los Estados Unidos para Navidad pero estaba de vuelta en el camino misionero en enero de 1998. El Pastor Jorge y María se encontraron conmigo en Honduras en esta ocasión. Yo quería ayudarles para aprender más acerca del Ministerio y bendecir a la iglesia Gerizim al mismo tiempo. También traje un equipo. Nos quedamos solo por dos semanas, trabajando en Orfanatos, haciendo una Brigada Médica, y llevando un grupo de 13 a Nicaragua. Pero los dos pastores peruanos se quedaron un mes entero.

Una tarde, no mucho después de que regresé a Arkansas, me detuve en McDonald's. Allí pude escuchar por casualidad a una familia hablando en español. Tuve que presentarme a mí misma al oír que ellos seguían mencionando a Perú.

Eso fue el comienzo de una relación ordenada por Dios. El esposo, un peruano, quien recién se había graduado de la Escuela de Entrenamiento y de Discipulado de Juventud con Una Misión (JUCUM). Él y su esposa americana estaban ayudando a planear una conferencia llamada Explosión '98 en Leticia, una zona libre entre Colombia, Brasil y Perú. En lo profundo de la selva; a Leticia solo se podía llegar por avión o por barco.

Mis nuevos amigos me explicaron los detalles de la Conferencia. Estaba planeada para alcanzar a miles, incluiría talleres para padres, pastores y sus esposas, jóvenes, líderes de jóvenes y más. "Ven con nosotros para que te unas al equipo de enseñanza de mujeres", me suplicaron mis nuevos amigos.

En esa primavera, comencé a hacer cinco o seis viajes de misiones al año, de un mes o más de duración en cada uno. Al fin Dean me dijo: "Por favor no te quedes más de tres semanas". Hice lo mejor que pude para honrar su petición. Antes que me diera cuenta ya estaba de camino a Explosión '98.

Mi buena amiga y traductora hondureña, Gladys Montoya, me encontró en el aeropuerto de Bogotá. Pasamos la noche allí y volamos a Leticia a la mañana siguiente.

Uno nunca sabe qué relaciones nos traerá Dios. En el primer evento de Explosión, Gladys y yo conocimos a Leyla de Poblete de Iquitos, Perú. Ella trabajaba con FRANKA, una nueva y creciente organización para mujeres maltratadas. En aquel entonces, si una mujer peruana solicitaba el divorcio, entonces el hombre se quedaba con los hijos. Esa ley mantenía a muchas mujeres atadas porque no podían salir de sus matrimonios abusivos. Muchas de estas mujeres eran maltratadas en nombre de la sumisión.

Pero el mensaje de Leyla era diferente. Dios le dio una misión de unir y fortalecer a las mujeres enseñándoles Sus verdaderos caminos. De hecho, ella vino a la Explosión, para obtener la aprobación de los pastores locales para una Conferencia de Mujeres que planeaba celebrar al año siguiente. Cuando enseñé sobre la unidad de las mujeres, ella casi saltó de su silla.

Allí en Explosión '98, nació una hermandad que duró varios años. Con la ayuda de la traducción de Gladys, Leyla y yo organizamos un grupo de intercesión conectando a las mujeres de las aldeas de la rivera del Amazonas con un grupo mayor de mujeres en Iquitos. Y Dios también nos permitió sentar los fundamentos para la conferencia de mujeres.

Después de que terminara Explosión '98, Gladys y yo salimos de Leticia en un hidroavión de la Fuerza Aérea Peruana.

Supimos de este servicio inusual de taxi por medio de alguien en la conferencia. "Para comprar tus boletos", nos explicó nuestra amiga, "alquilen una canoa con motor y crucen el Amazonas. Cuando lleguen a la aldea del otro lado, pregunten por el Bar Laguna Azul, y compren allí sus boletos".

Parecía como una escena de película. Pero para entonces yo ya había estado en Latinoamérica lo suficiente como para creerlo. Y fue verdad. "Tomen el avión dentro de dos días en ese banco de arena", nos dijo el hombre de la Laguna Azul, señalando con el dedo hacia el río.

Lo hicimos como nos dijo. Este no era un servicio de taxi de lujo sino un pequeño avión náutico sin paredes interiores. El piloto nos dio unos chalecos salvavidas que parecían y olían como que ya cientos de personas los habían usado. Él llenó de gente ese avión como sardinas. Gladys y yo nos miramos la una a la otra, revelando con nuestros ojos el mismo pensamiento: *¿En qué nos hemos metido?*

Volamos – o se podría decir que rebotamos – sobre las montañas hacia Iquitos, visitamos algunos contactos, y luego volamos de regreso a Lima.

A continuación, ya era la hora de regresar al nuevo comedor. Gladys y yo hicimos ese viaje en autobús de doce horas y nos quedamos ministrando en Pacasmayo durante tres semanas antes de regresar a Arkansas. Para ayudarnos a ambas, el pastor Roberto pagó por el viaje de Gladys. Ella iba a tener un tiempo de descanso en los Estados Unidos, y yo la pondría a ayudarme con la organización y la correspondencia, con los boletines de noticia para el nuevo ministerio de oración para mujeres. Y otra vez, Dios abrió camino donde no lo había. Eso mismo tendría yo que hacer en los días venideros.

Sacado del polvo: La historia de Fred Miller

Avis tiene razón. Nuestro primer viaje a Perú fue extraordinario. Mi hermano George y yo junto con nuestras esposas, volamos a Lima y tomamos un autobús hacia Pacasmayo. Nos hospedamos con una de las amigas de Avis y ayudamos con algunas Cruzadas al aire libre. Luego, George y yo viajamos en autobús de regreso a Lima para luego volar hacia el Amazonas y hacer un pozo.

Nos quedamos en una cabaña hecha de paja durante una semana. Pasaron dos semanas hasta que Avis y nuestras esposas se reunieron con nosotros. Sentíamos como si hubiéramos retrocedido en el tiempo.

Cuando al fin conectamos la bomba de agua, y la probamos, lanzó el agua del Amazonas a 12 metros de altura por el aire. Estas personas nunca habían visto algo así, y los niños corrían alrededor, esperando que nosotros los mojáramos con el chorro del agua. Todos nos divertimos y la pasamos muy bien.

Otras cosas sucedían mientras que nosotros ayudábamos a que las aldeas recibieran su agua. Trajimos muchas medicinas junto con tres enfermeras y algunos doctores locales. El equipo médico atendió a cientos de pacientes. Y todos estábamos formando relaciones, con miras para plantar allí y establecer una iglesia.

Mi esposa Peggy y yo nos adelantamos al equipo en el siguiente viaje y abordamos un barco en Iquitos como una hora antes que ellos. Vimos a la tripulación usar una rampa angosta para subir un enorme toro negro Brahma que en lugar de abordar, seguía saltando al agua.

Esa debió ser una indicación de que el viaje en el barco sería toda una experiencia auténtica. Llevaba a bordo a doscientos cincuenta personas, y lo que parecía como cientos de gallinas corriendo alrededor del techo. Los lados estaban al aire libre, un tubo iba por el centro y otro en cada lado.

Uno amarraba su hamaca en esos tubos y dormía pegado a sus camaradas. Muchas personas dormían en el piso. Y en el techo de metal, enjaulados; había no solo esas ruidosas gallinas, sino también monos, cerdos, cabras y un montón de vacas.

Pero la gran cosa del hacinamiento por ir tan amontonados eran las oportunidades de hablar acerca de Dios. Teníamos un proyector, así que yo lo conecté a la energía del barco y así mostramos la película: 'JESÚS' y otros videos cristianos mientras viajábamos por el río Amazonas. Al terminar cada video, siempre hacíamos la invitación a la gente a entregarse a Jesús, y muchos lo hicieron.

Recordándolo todo, esto fue toda una aventura – algo que enriqueció nuestras vidas.

Capítulo 13

¡El Huracán!

A través de los años, he enfrentado tormentas tanto físicas como espirituales. Pero el Huracán Mitch fue uno del cual casi no salgo con vida.

Gladys pasó su verano como lo habíamos planeado, ayudándome a organizar todo para mi trabajo misionero. A finales del mes de octubre le avisaron que su padre estaba enfermo y que tenía que regresar de inmediato a Honduras. Eso resultó ser providencial, porque apenas llegó donde su familia, el huracán Mitch también azotó. Fue tan abrumador, que ella nunca hubiera querido estar lejos de su familia durante ese tiempo. La gran cantidad de lluvia causó desde las inundaciones, las avalanchas de lodo hasta los terremotos.

Escuchando en las noticias, no me podía imaginar la devastación en este país que había llegado a amar. Las tuberías de agua se rompieron, los puentes se cayeron, los desagües corrían por las calles y el sistema de transmisión para la comunicación fue destruido en muchos lugares.

El Alcalde de Tegucigalpa y otros oficiales de la ciudad salieron en un helicóptero justo después de que el Huracán golpeó para ver la magnitud de la devastación. Cuando el helicóptero se estrelló, nadie sobrevivió. La ciudad se quedó sin el liderazgo de izquierda.

Una vez más, Dios me dio la palabra: *"Ve"*. Los miembros de mi grupo de oración de los martes en la mañana también consintieron: "Yo debo obedecer". Además, ellos se pusieron de acuerdo en ayudarme, de la mejor manera que pudieran.

Como de costumbre, yo no quería llegar con las manos vacías. *Todo mundo está hablando del Huracán Mitch. Seguro que donarán alimentos y enseres.*

Uno de mis amigos de oración contactó a Alimentos Tyson, quienes accedieron a enviar un camión tráiler de 17 metros de largo con un chofer que me ayudaría a llegar hasta Brownwood, en Texas. Allí, pondría en un barco todo lo que recogiera para llevarlo a Honduras.

El miércoles, Tyson estacionó el camión en el vecino pueblo de Lincoln, y yo pasé la voz. La siguiente tarde di una mirada dentro del camión, y solo encontré un pequeño montón de víveres. *"Dios, tienes que darme más que esto"*.

Había ido por todo el pueblo tratando de conseguir apoyo. Pero cuando vi el tráiler casi vacío, Satanás me zarandeó. "Tienes un camión vacío y nada con que llenarlo ¡No vas a ser capaz de ayudar a nadie!"

Luché contra él toda la noche. A la mañana siguiente, una estación de radio se había enterado de alguna manera sobre mis planes y enviaron a un reportero al lugar donde el camión estaba estacionado. Él me preguntó: "Aun si lo llenaras, ¿Cómo planeas llevarlo a Honduras?" "¡No lo dejaran cruzar la frontera!"

"Oh, claro que sí lo harán", le dije al reportero. "¡Yo me iré con él!"

"¿Estás bromeando?"

"No, yo iré – y va a llegar hasta allá", le prometí. "Pero, por ahora lo que necesitamos son cosas: ropa limpia, empacada y lista para salir. Piensa en lo que sería estar en una inundación y quedarte desnudo sin ropa – quedarte con nada". Yo sabía que esas palabras le llegarían a la audiencia de la radio, ya que muchos de ellos mismos habían sobrevivido a otras inundaciones.

Pero Dios no me dejó detenerme allí. "Esta gente necesita comida también; buena y mucha comida. Y si me das una lata, dame un abrelatas también, porque todo se ha perdido. Necesitamos carne y mantequilla de maní (cacahuate), también necesitamos agua y lejía". Me detuve otra vez para enfatizar mi punto.

"No me den su basura. ¡Esta gente necesita ayuda!"

Terminé la entrevista en más tiempo que en lo que las cosas comenzaron a llegar. Pero yo sabía que Dios quería más. Fui al Banco de los Agricultores y Comerciantes y pedí hablar con un ejecutivo.

"No tenemos comida, Señora Goodhart".

"No, pero tienen dinero, y con eso se compra la comida".

Salí de allí con un cheque.

Luego me fui a la Empresa de Teléfonos diciendo algo similar. Luego llegué a la tienda local de abarrotes. Ellos sí tenían comida, y nos dieron de inmediato comida valorizada en $500 dólares.

Dos de mis compañeros de oración supieron que Dios quería que ellos donaran. El señor Dean, quien no era rico le dijo a su esposa: Haz un cheque de $1000. Lo cambiaremos, iremos a la empresa de enlatados y compraremos las cajas de comida que podamos.

Cada vez que regresaba al camión, encontraba a las personas dejando cosas. El viernes por la mañana, llegó mi amiga Lorene. Como una ex-contadora de la Universidad de Arkansas, a ella le gustaba tener las cosas en orden. El caos que vio en el camión la horrorizó.

"¡Avis! Hay cosas por todos lados", me dijo. "¿Quisieras que lo organizara?" ¿Quisiera? "¡Claro!" Lorene se introdujo al camión y comenzó a trabajar. Si la ropa estaba en ganchos colgadores, la doblaba y la ponía en cajas. Si había cuatro cimbras diferentes que tenían vainitas (ejotes), los pasaba todos a una sola. Nada entró al camión sin que ella lo ordenara y lo registrara, clasificándolo y etiquetándolo. Su trabajo nos permitió empacar más cosas en el camión y me libró de seguir pidiendo más suministros.

El día sábado, 7 de noviembre (un día después de mi cumpleaños), Tyson envió al chofer del camión, quien resultó ser la esposa de un pastor, una confirmación más de que Dios estaba preparando el camino. Salimos de Lincoln al mediodía con más de cuarenta y cinco mil libras de provisiones (20.41 kilogramos) – desde pañales hasta pantalones, desde cajas de agua hasta enlatados. "¡Gloria a Dios!" Seguía diciendo, "¡Aleluya!"

Al comenzar la tarde del día siguiente, llegamos al puerto de Brownwood. Un chofer de montacargas descargó el contenido del tráiler y mi hermana en Cristo se fue por otra carga.

La siguiente parte de mi aventura comenzó cuando el dueño del barco pesquero me vio en el enorme muelle, donde él ya había comenzado a ordenar las provisiones. "Oiga, ¿Qué hace usted aquí?" Me preguntó.

"Estoy con las cosas", le dije. "¡Yo también voy a Honduras!"

Me dijo muy claro que no me quería en ese muelle y que definitivamente no me quería en su barco camaronero.

"No me voy a ir", le dije. *Es hora de otra caminata de oración.*

"Dios, Tú me llamaste. En tus manos está el arreglar esta situación". Trepé hacia abajo del muelle y marche para atrás y para adelante, cantando uno de mis himnos favoritos, en cada vuelta subía más la voz: *"¡La Cruz delante, el mundo atrás! ¡No vuelvo atrás, no vuelvo atrás!"*

No pasó mucho tiempo antes que Él usara mi canción para ayudarme a ver lo que Él ya sabía: Yo me iba a Honduras. Él estaba en control y me llevaría hasta allá.

Poco después, el Capitán Kent del barco camaronero

apareció. "Vente a casa conmigo, me suplicó. "Pasa la noche con mi familia".

Se estaba oscureciendo, así que hice lo que él me dijo. Tuvimos una gran noche de cena y conversación. Cuando regresamos a la mañana siguiente, las cosas se veían listas. El Capitán Kent, sus dos miembros de su tripulación y yo habíamos embalado manualmente todas las provisiones durante los siguientes tres días. Todo tenía que ir en la cubierta del barco porque la bodega estaba llena. Movimos las cosas de una cimbra y las pasamos por el ascensor hacia la barcaza. Allí las pusimos en otra cimbra y luego cuando se llenaba la sellábamos con rollos de plástico para envolver.

Esos pocos días me enseñaron dos cosas: Un barco debe tener permiso para salir del país, y todos los que van a bordo necesitan una razón para estar allí. Para salir de los Estados Unidos legalmente, tuve que ir a la Capitanía Portuaria y registrarme como cocinera.

Mi nuevo amigo el Capitán Kent resultó ser también el capitán del Puerto, a cargo de traer los barcos desde el mar hacia el muelle. Él no había salido al mar en cuatro años.

Para estas alturas, la esposa del dueño del barco y yo nos hicimos amigas. Nuestro último día en el Puerto lo terminamos ya avanzada la tarde. "Vamos a comer algo", me dijo ella. El dueño, su esposa y yo fuimos a comer una deliciosa comida mexicana.

Después de nuestro arduo trabajo, estoy segura de que comí demasiado, una elección pequeña con grandes consecuencias. La tripulación estaba subiendo a bordo los mapas y las cartas de último momento. El cielo se veía nublado, pero todo lo que veíamos en el mar eran olas suaves.

Una vez que dejamos el puerto, sin embargo, todo cambió. Nuestro tranquilo barco se convirtió en una montaña rusa. Los miembros de la tripulación entraron en alerta amarilla, intentando poner estabilizadores en sus sitios y haciendo todo lo posible para mantener el barco a salvo.

Como una marinera primeriza, me senté solo mirando. *Se está poniendo difícil por acá.* Una ola bañó la cubierta en ese momento, chapoteando sobre mí y pasando hasta el otro lado. Y tan pronto como llegó la ola, un chorro de vómito salió disparado de mi boca. Miré a mi alrededor, esperando disculparme por ensuciar el barco. Otro montón de agua del mar lo limpio todo, antes que pudiera decir media palabra.

Mi estómago se volvió a vaciar. Miré alrededor solo para darme cuenta que nadie le prestaba atención a eso. Ellos estaban demasiado ocupados tratando de mantener el barco en posición vertical. Otra ola rugió por la cubierta y barrió mi suciedad.

Todo rodaba y golpeteaba. Lo único que pude hacer fue colapsar en la entrada e intentar respirar. Uno de los hombres me arrastró más adentro de la cabina junto a una cimbra de cajas. "Solo quédate aquí", me ordenó.

"Oouuuuhh", respondí gimiendo.

Me quedé en el mismo sitio durante tres días. Estaba reclinada al costado del baño, pero estaba tan enferma que no me di cuenta hasta el tercer día. Entonces, el Capitán Kent vino y me gritó: "¡Señora Goodhart! ¡Señora Goodhart! ¡Usted apesta!"

Me aventó hacia el baño junto con un par de pantalones holgados y una sudadera. Me senté en el piso y dejé que el chorro de agua cayera sobre mí a medida que el barco rebotaba y se impulsaba. Al fin, conseguí cerrar la ducha y ponerme la ropa limpia.

Lo que no pude hacer fue abrir la puerta de madera del baño. El Capitán Kent al fin me escuchó batallando y me rescató otra vez. Jalando la puerta, me aventó hacia la litera de abajo a unos cuantos metros y colgó una sábana de la litera de encima como una cortina provisional.

Me quedé allí otros dos días, apenas moviéndome. De vez

en cuando, el cocinero venía y me pedía que tomara un poco de leche caliente: "Le hará bien a tu estómago".

No sé si tomé algo de leche o no, pero sí saqué una botella de Coca Cola de mi mochila y tomaba sorbos de vez en cuando. Pero en el cuarto día, abrí mis ojos y solo vi calma y no caos. El Capitán me llevó a la cubierta para encontrarme con una escena de tranquilidad.

Adondequiera que volteaba, miraba la belleza del Señor, incluyendo a criaturas que nunca había visto: peces que volaban. Estas sorprendentes criaturas plateadas, chapoteaban algunos metros fuera del agua, viajando hasta treinta metros en un solo movimiento. Algunos cayeron en la cubierta. "Señor, estoy tan feliz de estar aquí", oraba en voz alta. "¡Es hermoso!" "¡Alabado sea el Señor!, ¡Aleluya! ¡Gloria a Dios!"

Ahora, la tripulación estaba riéndose de mí, o tal vez conmigo. "Gracias por tu bondad, Dios", continué. "¡Aleluya!" Aunque no les gustara, yo tenía mi propia fiesta de alabanza allí sobre la cubierta.

Esa noche, navegamos hacia más aguas embravecidas. Siguiendo a la tormenta mientras que pasaba a través de Honduras. La tempestad destruyó la mayor parte de nuestros instrumentos de navegación, incluyendo los rastreadores de profundidad y los buscadores de distancia.

La noche cayó, y el agua dio con ímpetu. Los hombres bajaron las anclas, pero mi estómago ya estaba dando vueltas. "¿Dios, me podrías sacar de aquí?" Oré. Pero otro pensamiento vino: *Si muero aquí, nadie sabrá donde estoy, ¿Qué sería de Dean? ¿Qué sería de mis hijos?*

Pero entonces me acordé: *Dios está en control*. La tripulación se quedó despierta casi toda la noche para mantenernos a salvo. Y a la mañana siguiente arribamos a una pequeña isla llamada Guanaja.

Una sola palabra la podía describir: *desierta*. Los árboles estaban sin hojas, las casas sin techos o sin paredes, todo había volado hacia todas direcciones.

Tan pronto como bajamos las anclas, la gente se apresuró hacia el barco. Intenté ir para llamar a mi amiga Gladys, quien me esperaba en Tegus, pero no pude atravesar la multitud. La gente comenzó a lanzar objetos de la cubierta, pero sus provisiones estaban todas encerradas en la bodega. El Capitán Kent detuvo la revuelta, vociferando órdenes y haciendo retroceder a la multitud.

Las Autoridades Portuarias pronto llegaron. Eso calmó una situación y se presentó otra. Porque habíamos entrado a su Puerto, los Oficiales querían sus honorarios. "Hemos traído todas estas cosas para su gente ¡No nos vayan a pedir dinero!"

Él y los Oficiales de algún modo llegaron a un acuerdo. Sacamos las provisiones del compartimiento de carga, levamos las anclas y nos fuimos de Guanaja tan pronto como pudimos. No teníamos ninguna Base del Ministerio allí, y según sabíamos, las condiciones en Tegus, estaban iguales o peores.

Finalmente, estábamos navegando otra vez, con las cuarenta y cinco mil libras (20.41 kilos) de provisiones intactas en su mayoría en la cubierta. A medida que caía la noche, comencé a notar unas lucecitas como libélulas en el agua. Al principio solo las veía pequeñas, parpadeando por la proa pero seguían creciendo. "Llamé al Capitán Kent y le pregunté: ¿Por qué veo fuego en el agua?"

"Ese es fuego marino, o fosforescencia", me dijo. "Algunas de las criaturas marinas dejan fósforo en el agua. El primer barco en pasar por allí, lo libera; y resplandece".

No me importaba mucho la parte científica, pero sí sabía Quién había creado el mar y sus criaturas ¡Aleluya! ¡Gloria a Dios! Repetía mientras que contemplaba la deslumbrante belleza brillando en el mar. Alabé a Dios durante el viaje de dieciocho horas. Tegus no es una ciudad portuaria, así que arribamos a Puerto Cortés.

Una vez más, el panorama era nada menos que increíble. Enormes navíos hacían que nuestro barco camaronero se viera como un juguete. Alemania trajo gigantescos tanques de agua porque la tormenta destruyó tantas tuberías de agua. En México encalló un gigantesco barco-hospital con un helicóptero que volaba hacia un campamento en el centro de la ciudad de Tegus donde un equipo médico proporcionaba primeros auxilios. Los cadáveres yacían por todos lados.

Una vez que llegamos al puerto, la Autoridad Portuaria rehusó admitirnos. Les dije acerca de mis cartas, la lista de provisiones y todo lo que me venía a la mente. Añadí: "Me voy a encontrar con Gladys Montoya. Su esposo es el Mayor de la policía en Tegus".

Nada parecía funcionar, así que yo seguí orando mientras que el Capitán Kent negociaba y seis hombres estaban parados en fila para evitar que bajáramos. Luego, llegó una camioneta pequeña. Un hombre de aspecto oficial caminó hacia nosotros.

Mientras yo miraba, él se detuvo y exclamó: "¡Sister Avis!" Nada me pudo detener. Pasé mis piernas sobre el riel y le abracé. Él no solamente estaba a cargo de todos los Oficiales allí, sino que su esposa era María, la administradora de la iglesia Gerizim. Ella me visitó en mi casa con el pastor Roberto cuando fue a los Estados Unidos. Gladys les había dicho que yo venía, pero la demora de tres días los había confundido. "Ven conmigo", dijo mi nuevo amigo. Hizo algunas llamadas telefónicas, llenó el papeleo, y autorizó para que el barco descargara en dos grandes camiones todas las provisiones para transportarlas. Contratamos a hombres del Puerto para que descargaran todo. Era casi de noche cuando terminaron, y allí, al fin venía Gladys.

Ella había esperado y esperado tres días antes, pero cuando no aparecí, se fue a casa. Estábamos tan felices de volver a vernos, y ahora tenía una compañera en las alabanzas. Ella y yo nos fuimos en una camioneta y el esposo de María en otra. El Huracán había destruido muchos puentes y caminos en el trayecto de 185 kilómetros para llegar a Tegucigalpa.

Saliendo el sol, llegamos a nuestro destino. Por todo el pillaje pos-tormenta, la ciudad estaba bajo ley marcial. Cuando Gladys les mostró su identificación a los soldados que nos detuvieron, cambiaron de toscos y rudos a "¡Sí Señora!" Éramos los primeros servidores de socorro que alcanzamos a llegar a toda esa área de la ciudad.

A pesar de que más de nueve mil personas perdieron su vida en esta tragedia, ni una sola persona de la iglesia Gerizim había perecido. Agradecimos a Dios por su protección y sabíamos que Él nos usaría para ministrar esperanza.

Una vez en pleno día, todo lo que podíamos ver era destrucción. Las carreteras estaban cubiertas de lodo. Casi todas las copas de los árboles tenían muebles u otros objetos del hogar encima de ellos, y todas las casas que quedaron, habían sufrido horribles daños. El terrible poder del huracán Mitch había arrebatado hasta la ropa de los cuerpos de la mayoría de las personas. Ellos mismos se cubrían con frazadas o con lo que pudieran encontrar.

Me quedé en Honduras durante dos semanas más. Nosotros hemos tenido desastres terribles en nuestro país, pero los hondureños no tenían seguros, ni ahorros, ni nada. Aun así, conseguían sonreír.

Gladys y yo nos fuimos a los campos de refugiados que se habían implementado en las Escuelas Estatales, en donde el panorama era igualmente increíble. La gente trataba de cocinar en latas viejas de pintura o piezas de láminas de metal desechadas. El Huracán llenó las letrinas de lodo y agua, pero todos las necesitaban. Gladys y yo vaciábamos lejía en cada uno de ellos para evitar enfermedades, trabajando como locas para ayudar cuanto nos fuera posible.

En una de las primeras tardes, vi un camión grande de Coca Cola que subía las colinas. "Míralos, aprovechándose de la gente que nada le queda", le dije a Gladys, segura de que la Empresa estaba haciendo dinero en esta situación de desastre.

Más tarde ese mismo día, uno de los hombres del área nos contó acerca de la visita del camión. "Repartieron botellas de agua y de Coca Cola", dijo. "Nadie tuvo que pagar".

Allí, en medio de la trágica escena, tuve que detenerme y arrepentirme. Mis palabras reflejaron una pobre actitud. Juzgué a la Empresa sin saber la verdad. Después, Dios me recordaba este incidente cuando me sentía tentada a juzgar las motivaciones de las personas. Siempre hay cosas que nosotros no sabemos.

Me quedé en los campos de refugio tanto como pude para distribuir las provisiones. Cuando el aeropuerto reabrió, volé de vuelta a Arkansas. Yo iba a estar en otro viaje misionero hacia otro país dentro de pocas semanas. Las Misiones se habían convertido en más que vacaciones de verano. Se estaban convirtiendo en mi vida.

Unos meses después, regresé a Honduras, y no podía entender porqué recibía un trato tan especial. Muchas iglesias me invitaban a predicar, y las personas me ofrecían cualquier cantidad de cosas.

Cuando comencé a hablar en la primera iglesia, la gente interrumpió. "Está bien lo que dices pero, queremos oír acerca del barco".

¿El barco? Yo no vine en barco.

"Cuéntanos de cuando viniste en el barco camaronero para ayudar a nuestra gente durante el huracán Mitch", me insistían. *Eso fue hace meses. ¿Cómo se enteraron de mi loco viaje?* Pero les conté la historia de todas maneras.

La mujer que me llevó al Hotel ese día, tenía lágrimas en

sus ojos. "Tú me avergüenzas", me comentó. "Tú te preocupas más por mi pueblo que lo que yo hago. Tú *hiciste* más por mi gente que yo. ¡Pero ya no más!"

Fue entonces, cuando me di cuenta que Dios había tomado la historia de una misionera poco probable y la utilizó para despertar a Su pueblo. Más y más, sentía su llamado de servir en el extranjero de tiempo completo. Yo sabía que lo haría.

Y no tendría que ser otra tormenta la que me despertara.

Sacada del polvo: Historia de Tía

El trabajo misionero de mamá no constituía un problema familiar al principio. Mi hermano y yo teníamos nuestras propias vidas, y nuestro padrastro siempre la apoyaba en todo lo que ella hacía.

Comencé a ver cuán en serio tomaba mamá las Misiones cuando comenzó a hacer viajes por el Amazonas. Pero la primera vez en que su trabajo misionero causó un verdadero problema fue durante el huracán Mitch.

Hace mucho tiempo, supe que ella tenía algunas lagunas mentales cuando se trataba de seguridad. Se iba a las áreas de la ciudad en donde cualquiera estaría en alerta. Pero mamá marchaba directo como si no tuviera la menor idea del peligro.

Yo de verdad pensé que no se percataba. Han tenido que pasar años para darme cuenta de que esto era parte de la manera como Dios hizo a mi madre. Él lo usó para prepararla para lo que ahora está haciendo.

El viaje después del huracán Mitch trajo un nuevo nivel de preocupación. Ya que yo había servido en el Ejército y allí tenía conexiones, yo siempre tenía un Plan B. Si algo pasaba, yo podría encontrar la forma de localizar a mi madre. Pero esta vez, no estaba segura que funcionaría.

De mis años en la Marina, yo sabía lo que era un barco pesquero. Intenté explicárselo anticipadamente esperando que se diera cuenta que no era la mejor idea.

Pero antes de que me diera cuenta, ella se iría. Cuando no sabíamos de ella durante días, llamaba a la Autoridad Portuaria en Honduras. No estaban en funciones, así que intenté con la Cruz Roja. "Todavía no estamos allí", me dijeron. "No es seguro".

Magnífico. Utilicé mis conexiones militares para contactarme con la Base de la Fuerza Aérea en Tegucigalpa. "No estamos saliendo en vuelos, no es seguro".

Fue entonces cuando allí me di cuenta: Mi mamá estaba en un barco pesquero en medio de la agonía de este Huracán. Y tal vez nunca la vería otra vez.

Seguí orando por la situación y por ella. Al principio, estaba muy molesta con mamá. No podíamos encontrarla, y todos estábamos preocupados. Pero al fin llegué a la conclusión de que más que todo, esta era su elección. Esto era lo que ella quería hacer.

Pasé por un proceso mental similar al de aquellos que tienen familia en el Ejército. Tu ser querido ha elegido ponerse en el peligro, y tú decides si lo apoyas o no.

Tuve que pasar por ese proceso de todas las personas, mi propia madre – mi madre maestra, que iba a la iglesia y quien preparaba guisos. Esta era la primera vez que me di cuenta de que tal vez ella había escogido ponerse a sí misma en una situación en la que podía de veraz morir.

Llegó el punto en que tuve que decir: "No se trata de CNN, se trata de mi madre, y tal vez no regrese a casa". Cuando al fin llamó como después de diez días, ya había liberado mi enojo. Ahora estaba regocijándome.

Incluso, hoy en día, dejo que mamá tenga el entusiasmo que Dios le da por las cosas. Tengo que seguir entregándosela a Él y no vivir con el enojo o con el temor.

CAPÍTULO 14

Las Montañas de Bendición

En julio de 1999, viajé a Leticia, Colombia, para enseñar en Explosión '99. Esta era la Cuarta Conferencia Anual que se celebraba en esta ciudad para pastores y líderes de iglesias de la rivera del Amazonas en Colombia, Brasil y Perú. Me sentía entusiasmada de ser parte de la gran Obra de Dios.

La Conferencia duró cinco días, y yo enseñé en varias de las sesiones de la Conferencia para las Mujeres. Estas Explosiones eran una enorme operación. Otro equipo de personas estaba trabajando este año para entrenar a quienes trabajaban con niños y jóvenes, junto con otro equipo encargado de los quinientos niños que asistieron. Un equipo de adultos jóvenes, hizo su Ministerio en las calles y en la selva, y una Brigada con un equipo médico, realizaba sus consultas para aquellos que la necesitaban.

Teníamos Cruzadas a nivel de toda la ciudad durante la noche en un gigantesco Coliseo con cinco mil a seis mil personas que asistieron. Para el fin de semana, Dios estaba trayendo entre ocho y nueve mil personas cada noche.

Se hizo casi imposible llegar cerca del Coliseo.

Cientos de personas vinieron al Señor durante esta maravillosa semana. Adondequiera que miraba, veía a la gente, ya sea ministrando o siendo ministrada. Dios suplió las necesidades tanto físicas, como espirituales y emocionales por medio de la Explosión.

Una de mis bendiciones adicionales fue el compartir la habitación con dos misioneras de Wycliffe quienes habían dado sus vidas a la traducción bíblica. Una de ellas me mostró las callosas y curtidas plantas de sus pies. "Eso es el resultado de correr a través de la selva", me comentó ella. Ya que estaba viviendo la vida de una verdadera misionera, haciéndose como la gente a la cual servía.

Los pies de mi nueva amiga podrían estar ásperos, pero su corazón no era áspero para las cosas de Dios. Las luchas de la guerrilla habían sacado a su familia de su comunidad selvática en Lomalinda, pero no del trabajo y de la Obra de su vida. De hecho, ella se trajo las porciones más recientes de traducción de las Escrituras a la Conferencia para dárselas a un hombre nativo que se encontró allí con ella. Su familia tuvo que salir, pero ella todavía quería introducir allí el Evangelio.

Otra bendición de la Conferencia fue el reencontrarme con mi amiga Leyla de Poblete de Iquitos, Perú. Enseñé en equipo con Leyla, que era la líder del grupo de oración intercesora que comenzamos en julio de 1998. Muchas de las mujeres a las que enseñamos pertenecían al mismo equipo de oración y habían viajado grandes distancias en canoa.

Me sentí bendecida de trabajar con estas preciosas mujeres de Dios. Ya que ella no necesitaba de intérprete, podía enseñar el doble del material que yo. Vimos un gran crecimiento espiritual en nuestras estudiantes, junto con una profunda hambre de conocer más acerca de Jesús. Solo podíamos imaginarnos las vicisitudes y los peligros que enfrentaban cada día, pero las nuevas amistades fortalecían al Cuerpo de Cristo por toda la región Amazónica.

Nuestra oradora principal de la Conferencia era la Dra. Ruth Ruibal, una estadounidense quien había vivido la mayor parte de su vida adulta en Cali, Colombia. No mucho después de graduarse con su maestría en Salud Pública de la Universidad de Columbia en Nueva York, se mudó a Cali, donde conoció a Julio Ruibal y después se casó con él, fue llamado: "el Apóstol de los Andes". Juntos, fundaron una iglesia en La Paz, Bolivia y otra en la ciudad de Cali, llamada: 'Centro Cristiano Colombiano Ekklesia'.

Julio Ruibal trabajó arduamente para promover la unidad entre los líderes cristianos y los pastores de Cali. Pero en diciembre de 1995, dio su vida como un mártir, asesinado por un hombre estrechamente ligado a uno de los capos de un cartel de la droga. Este hombre estaba furioso porque la iglesia estaba situada en un terreno adyacente al suyo. Después de asesinar a su esposo, él puso a Ruth, a sus dos hijas pequeñas y al liderazgo de la iglesia en una lista negra. Durante los siguientes cinco años, amenazaba sus vidas vez tras vez.

Pero Ruth sabía que el llamado de su vida era en Cali, así que ella y sus hijas se quedaron allí, y Él se levantó en ella como un león. Durante los años que siguieron, Ruth viajó a treinta y cinco países de habla hispana, enseñando y predicando el mensaje de unidad que predicaba su esposo para la Iglesia.

El 'Apóstol de los Andes', no había muerto en vano. Como dice en Génesis 50:20: *"vosotros pensasteis mal contra mí, mas Dios lo encaminó a bien, para hacer lo que vemos hoy, para mantener en vida a mucho pueblo".*

Dios usó la muerte de su esposo para abrir los oídos de muchas naciones al mensaje de la unidad. Ellos vieron el poder de Dios en esta viuda quien rehusaba huir.

Pero la violencia continuó. Durante la semana de la Conferencia, el Gobierno Colombiano y el Ejército de los Estados Unidos estaban peleando en la selva contra los capos de la droga. A pesar de ello, el ambiente de la Conferencia era todo paz y gozo. Aunque sabíamos de la actual violencia, nunca la vimos. *"Y la paz de Dios, que sobrepasa todo entendimiento, guardará vuestros corazones y vuestros pensamientos en Cristo Jesús"* (Filipenses 4:7). Él fue fiel como siempre.

Ruth habló fuerte a pesar de la violencia a nuestro alrededor. Un helicóptero americano fue derribado y varios militares murieron, junto con más de un centenar de colombianos civiles que perdieron sus vidas durante los disturbios. Cuando la Embajada Estadounidense ordenó a sus ciudadanos que salieran del país, tuvimos que terminar un día antes de lo planeado e irnos para Bogotá.

La mayoría de las personas salieron del país inmediatamente, pero yo no pude cambiar mi vuelo, llegué a Bogotá pero tuve que esperar para regresar a los Estados Unidos. Un joven de Texas decidió quedarse junto conmigo.

"Usted no habla español señora. No puedo dejarla aquí sola", me dijo. Nos hospedamos en una Base de la Misión de JUCUM. El domingo en la mañana, intentamos asistir a una iglesia anglohablante. Cuando llegamos, estaba vacía, excepto el pastor. Las guerrillas invasoras habían amenazado con tomar a los estadounidenses como rehenes "salgan de las calles", decían los Oficiales.

Durante todo este caos, uno de los doctores que conocimos en la Conferencia nos llevó a la fiesta de cumpleaños de su hija. En lo alto de un edificio de apartamentos en el Centro de Bogotá, disfrutamos de la fiesta familiar mientras las tensiones se intensificaban en las calles.

A la mañana siguiente, el personal de JUCUM, llevó a mi amigo texano y a mí al aeropuerto, y al fin partimos a casa a los Estados Unidos.

Pronto estaba de nuevo en Honduras durante un mes entero. El propósito principal de este viaje era establecer en Tegus un comedor comunitario. Mis contactos anteriores originaron una hermosa cooperación que me ayudó con muchos de los detalles.

El viaje también me proveyó de oportunidades para predicar, enseñar y para proveer de ropa y de Biblias a dos diferentes grupos indígenas en dos diferentes áreas de Honduras. Todavía me maravillo de la manera en que Dios le da a la gente, hambre por Él. Los ciudadanos caminaban durante horas para llegar a las reuniones, quedándose todo el tiempo necesario hasta que alguien predicara o enseñara. Todo esto me dejó más asombrada de Dios y de su Obra.

Recibí una invitación mientras que estaba en Honduras para visitar la vecina Nicaragua. Fui con un grupo de pastores y líderes hondureños para un "Clamor" de tres días. Observando a estos hombres y mujeres que aman y sirven, edificó mi fe. ¿Cómo no podría yo apoyarles para esparcir el Evangelio a través de toda Latinoamérica?

Dios también me dio más oportunidades para predicar en la iglesia Gerizim y su Clínica. Él de verdad estaba preparando el camino para *'Go Ye Ministries'*, tanto allá en casa como en los corazones de la gente hondureña.

Mientras tanto, allá en el Comedor Comunitario, teníamos más trabajo que hacer. Dios me abrió las puertas para predicar a un grupo más pudiente de hondureños. Una mujer de negocios nos donó cien vasos de plástico, de tazas, de tazones y de platos. Otros metían su mano en sus bolsillos, carteras y en sus cuentas bancarias para suplir la necesidad que teníamos en ese momento.

Pocas personas en Honduras tienen los recursos financieros para ayudar, pero la iglesia Gerizim nos envió algunos de sus recursos. Nos dieron el local para poner el Comedor y se comprometieron con su diario funcionamiento. Nuestro equipo era temporal, pero Gerizim estaría aquí por un largo periodo, y estos niños necesitaban ayuda a largo plazo.

El Comedor, era un local de un salón de madera con piso de concreto, se levantaba a mitad de una colina. Sus ventanas tenían persianas de madera pero no tenían vidrios. La única manera de llegar en carro era manejando hasta lo alto de la colina, darle vuelta y luego bajar por un camino lodoso y resbaladizo.

Cuando comenzamos, las mujeres de Gerizim cocinaban en fogatas todos los sábados, tratando de alimentar a cientos de niños. Muchas de estas mujeres conocían bien la pobreza. Ellas vivían en casas hechas de cualquier cosa que pudieran encontrar, con pisos de tierra y sin agua potable.

Cada semana, estas doce mujeres, raspaban lo poquito que ellas tenían para dar de comer a los niños. Solamente la maestra del Estudio Bíblico tenía un libro, pero los niños se sentaban y escuchaban con gran interés. También cantaban juntos y hacían preguntas acerca de la Biblia. Dios estaba trabajando en muchos corazoncitos porque estas mujeres se preocuparon tanto que dieron de su misma necesidad.

'Go Ye Ministries' pronto recibió suficientes donaciones para comprar una estufa industrial y un refrigerador. Fue un gozo ver los rostros de las mujeres cuando el camión bajó la colina y el chofer abrió las puertas para mostrar los excepcionales electrodomésticos que traía adentro. 'Go Ye' fue capaz de proveer el dinero suficiente para alimentar a los niños cada sábado desde septiembre hasta febrero. No teníamos suficientes fondos para alimentarlos todos los días y muchos no tenían nada. Por la Gracia de Dios, reunimos los recursos necesarios no solo para alimentar a estos niños más seguido sino para abrir más comedores comunitarios. Esto llegó finalmente a hacerse como una rutina, y pronto ya estábamos alimentando a ochocientos niños, tres días a la semana.

Durante el mismo viaje, también construimos una habitación de ladrillos en la parte posterior del primer Comedor en la montaña. Este nuevo salón, albergaría a una mujer como guardiana de la zona que se quedaría cada noche y para proteger el refrigerador y la estufa así como para la misma comida. La comunidad entera compartía nuestra alegría y emoción y quería ayudar. Los niñitos cargaban ladrillos uno por uno, colina abajo. Las mujeres y los niños mayores acarreaban cubeta tras cubeta de agua, cuesta arriba para mezclar el cemento. Todos ayudaron con la pala de arena.

A esta comunidad de la montaña, el Comedor no solo trajo la comida, sino la esperanza. La gente daba gracias a Dios junto con nosotros, llamando al Comedor: *La Montaña de la Bendición*.

Por supuesto, Dios no limitó sus bendiciones para el pueblo de Honduras. Él tenía mucho trabajo para bendecir a las naciones. Una misionera poco probable estaba llevando a otras personas igualmente poco probables para servir en Latinoamérica. Juntos, servíamos desde nuestra debilidad para que Él derramara Su fortaleza.

Sacada del polvo: Historia de Manuela Castañeda García

Avis ha tocado muchas vidas a través de los años. La conocí en la casa donde tenía un Estudio Bíblico y enseñaba a las mujeres a hacer artesanías. La recuerdo como una mujer joven y bonita, siempre alegre. Me encantaba pasar tiempo con ella y venía cada vez que podía.

Después de un tiempo, comencé a notar que la diferencia en su vida venía por Dios. "¿Cómo lo invito a mi corazón?" Le pregunté. Por medio de Avis, yo acepté al Señor, ella me dio una Biblia y poco a poco, mi vida empezó a cambiar. Comencé a escuchar a Dios más y más.

Mi familia ha asistido a la iglesia Marcos 16:15 desde que se inició con la primera reunión. Mis hijos y mi esposo todos recibieron a Jesús aquí, y mi hija cantaba en los servicios de la iglesia.

Yo me sentía triste porque no tuve una familia cristiana al crecer. Pero cuando conocí al grupo de Canadá y de los Estados Unidos quienes venían a ayudar a nuestra iglesia y a nuestra comunidad, me di cuenta de que Dios Obra en todos nosotros. Ahora, soy parte de una familia de creyentes y estoy tan feliz.

Dios me ha dado un ministerio especial de intercesión. Siempre oro por la iglesia y por Avis. Cuando mis hermanos y hermanas están enfermos, es como si Dios me llevara a estar allí en el Hospital con ellos. Si están siendo operados, yo siento que yo misma estoy siendo operada.

A veces, mi familia no entiende esa parte de mi Ministerio pero lo importante es que Dios lo sabe, y le serviré a pesar de todo.

CAPÍTULO 15

Ve de Todas Maneras

En los dos años siguientes, hice casi más viajes misioneros que los que podía contar. En algún momento del año 2000, Dios me dio la idea de llevar una camioneta Van, usada para mis amigos de la iglesia Gerizim. Los vehículos cuestan mucho en Honduras, así que yo decidí comprar una en una subasta y la manejé hasta allá.

Claro que no tenía la intención de manejar un vehículo vacío hasta allá. La llenaría de suficiente ropa y otros enseres para ayudar a la gente que aún estaba batallando. Los amigos generosos volvieron a hacer donaciones, y pronto teníamos la Van tan repleta que no podía ver por el espejo retrovisor del pasajero.

Ya estaba lista para ir cuando mi hermano Bob me llamó de Phoenix. No le gustaba la idea de que manejara yo sola, así que él y su esposa se ofrecieron a seguirme en su automóvil. Nos encontramos en San Antonio y pernoctamos allí.

La jornada verdadera comenzó temprano en la mañana siguiente. Para este tiempo, yo ya sabía que el enemigo frecuentemente usaba a los Oficiales del Gobierno en su intento de derrotar los planes de Dios. Hice una lista cuidadosa de todas las cosas que llevaba. Llamé con anticipación al Gobierno de México, ofreciendo enviar vía fax la lista de las cosas, pero ellos me dijeron que las trajera nada más. *Es bastante* fácil, pensé.

No fue exactamente así.

Llegamos a Brownsville cerca del mediodía para cruzar la frontera en Matamoros. Aquí tuvimos nuestra primera batalla. A los agentes de la frontera no les gustaron nuestros documentos, ni nuestras provisiones que llevábamos y sobre todo, no les gustábamos nosotros.

"Solo se les permite pasar unos pocos kilómetros hacia el interior de México, y luego se tendrán que regresar", nos dijeron. Ni siquiera consideraron el permitirnos cruzar la Van hasta la frontera con Guatemala (entre México y Honduras). Esperamos en la frontera durante tres días, regresando cada mañana para intentarlo de nuevo.

Una agente de aduanas salió al tercer día de su cabina esa mañana y me empujó hacia un lado. Me susurró: "Yo te ayudaré". Ella no podía cambiar las reglas, pero ella conocía a un sacerdote que trabajaba en el vertedero de la ciudad. "Él puede usar tus cosas", me dijo.

Después de mucha discusión, le tomamos la palabra, ya que nosotros teníamos que llevar la Van hasta Honduras. Después que la Agente salió de trabajar, nos llevó hacia su humilde casa. Bajamos toda la ropa y los suministros antes de tener que pasar una noche más en la frontera.

Me sentía enferma por dentro. Mis amigos en Honduras necesitaban todo lo que yo les llevaba pero no tenía forma de llevarlo hasta allá.

Señor, que este sacerdote sea genuino. Usa estas cosas para bendecir a esta gente, aún más de lo que las hubieras utilizado en Honduras.

El siguiente día, manejamos en la camioneta a través de México y pasamos la noche en un hermoso pueblito con calles empedradas de cantera. Nos despertamos refrescados y listos para cruzar Guatemala. Pero en la frontera, los agentes querían rociar fumigante debajo de ambos vehículos. Ya habíamos pagado por el mismo tratamiento en la frontera entre EE.UU. y México y ahora, más agentes demandaban más dinero para hacerlo otra vez. Después del decomiso del vehículo y una llamada desesperada a mi amiga Gladys, al fin, cruzamos la frontera – no sin antes pagar otra cuota más.

Nuestro cruce final de la frontera, de Guatemala hacia Honduras, trajo sus propios problemas.

Cuando internas un vehículo dentro de un país, el Gobierno espera que lo saques de nuevo. Nuestra intención de dejar la Van allá, causó otra madeja de trámites con el papeleo, junto con una tercera solicitud de fumigación. Nuestro viaje planeado para tres días se había extendido en uno de diez días.

Esa no era la primera vez que había enfrentado obstáculos inesperados mientras que Dios me movía hacia las Misiones, y por supuesto, no fue la última. No mucho después de la aventura de la Van, llevé a un equipo con 13 personas a Honduras. Trajimos cajitas de zapatos llenas de juguetes y otros artículos para niños junto con los medicamentos.

Esto fue antes de los días de las severas restricciones de equipaje, así que planeamos que cada uno trajera dos grandes valijas de plástico llenas de artículos que queríamos entregar. Llamé con anticipación, y la aerolínea aprobó los contenedores en tanto, que su peso estuviera dentro del límite. El equipo accedió a restringir todos sus enseres personales en una maleta de mano. Acabamos con veinticinco valijas de plástico con tapa, de cajitas de zapatos y medicamentos y otra maleta que contenía los zapatos tenis del grupo. Cuando llegamos al aeropuerto, las dificultades comenzaron. El empleado en el mostrador de la aerolínea rehusó registrar el equipaje.

"Pero los niños del Comedor Comunitario necesitan estas cosas", le dijimos. "¿Qué podemos hacer?"

Convertimos nuestras oraciones en acción. Uno por uno, de los miembros del grupo abrieron sus equipajes de mano y comenzaron a ponerse todas las prendas de vestir, encima de la ropa que llevaban puesta. Luego, pasaron sus artículos de baño de las valijas hacia sus equipajes vacíos que llevaban a la mano.

"¡Es suficiente!" dijo finalmente el hombre en el mostrador. Registró el resto de las valijas en tanto que miraba a los miembros muy sobrevestidos de nuestro equipo marchar hacia el avión como robots con los miembros del cuerpo rígidos por la ropa adicional que llevaban puesta. No les importaba como se veían. Solo querían que las cajitas de zapatos llegaran hasta los niños.

Ese viaje terminó como una combinación del ministerio médico, y dental, el reparto de cajitas de zapatos y los dramas. Mientras que los profesionales de la salud trabajaban juntos; el resto del grupo evangelizaba, y tocamos muchas vidas. Una vez más, nos asociamos con la iglesia Gerizim, que proveyó traductores y otro tipo de ayuda.

Ayudé a coordinar otro viaje médico-misionero, esta vez en Iquitos, Perú. Nuestro trabajo comenzó realizando campañas médicas en tres aldeas remotas a lo largo del Amazonas. El calor y la humedad nos abrumaban, pero el gozo de ser las manos y los pies de Cristo nos daba la fortaleza. Después que los médicos salieron, cuatro de nosotros volamos sobre las montañas para tener una Campaña de una semana en la playa del Pueblo de Pacasmayo, donde había servido unos años antes. Luego, viajamos a Lima para cumplir con algunos compromisos para la predicación.

Tuvimos una de las reuniones grandes en el enorme Hotel Sheraton, donde Dios hizo algo impresionante. Una de las oradoras y su esposo eran dueños de tres estaciones de televisión, así que salimos en TBN para todo Sudamérica. Solo Dios pudo concedernos tal favor.

Experimenté más el favor, después en ese verano, cuando prediqué en una enorme Conferencia de Mujeres en Manaos, Brasil. Pero, también vi los obstáculos que el enemigo me puso en el camino. Ya estaba lista para volar desde Miami – o al menos eso fue lo que pensé.

"¿Dónde está su visa?" preguntó el agente que pedía los boletos.

"¿Visa? ¿No me la darán cuando llegue a Brasil?"

Nadie, ni siquiera el agente de viajes, me había dicho que solicitara una visa con anticipación. Mis maletas se fueron a Brasil sin mí. La aerolínea me pagó por tres días de Hotel, mientras que esperaba para que la Embajada de Brasil me concediera la visa. Le hice una llamada a un exsenador de Arkansas para que arreglara todo lo que fuera necesario.

Llegué a la Conferencia con tan solo unos minutos antes porque me tocaba predicar. Ya que mi equipaje estaba todavía inmovilizado en la aduana, usé la misma ropa que llevaba puesta desde que salí de casa hacía ya cuatro días. "Qué bueno que el estrado está elevado por encima de ustedes, para que no tengan que olerme", les dije a las mujeres. Varias de ellas vinieron tan pronto como terminé de hablar y se ofrecieron a prestarme ropa.

Me di cuenta de la razón de todos los problemas: Los grandes planes de Dios. Los principales oradores eran Ana Méndez de México y Rony Chaves de Costa Rica. Una noche, Ana y su traductora; mi traductora Leyla y yo, íbamos juntas al Estadio en donde hablaríamos. Las dos traductoras estaban charlando cuando Ana habló en voz baja, casi para ella misma, "Esta noche, Dios me va a dar el portugués".

"¿Cómo lo sabes?" Le pregunté.

"Bueno, Él me ha dado el alemán, el francés, el italiano y el inglés cuando los he necesitado".

"¿Te quedaste con esos idiomas?" Pregunté azorada.

"Estoy hablando contigo en inglés ¿O no?" Sonrió Ana.

"Sí lo estás haciendo, y muy buen inglés". Cuando llegamos a nuestro destino, esperé a ver este milagro viviente. Más de nueve mil personas llenaban el Estadio, mientras que Ana oraba caminando hacia adelante y hacia atrás en la plataforma.

Un ujier nos escoltó al resto de nosotras a nuestros asientos en la parte delantera. Cuando el primer orador terminó y el anfitrión presentó a Ana, ella y su traductora fueron al centro del escenario. "Escucha con atención", le dije a Leyla. "Yo quiero saber lo que dice y en qué idioma lo dice".

La traductora de Ana se quedó a unos pasos del pódium mientras que Ana comenzó otra marcha, esta vez en el estrado. Ella se detuvo frente al pódium y le dijo a la audiencia: "Dios me está dando el portugués ahora mismo". Luego, prosiguió a predicar durante dos horas en perfecto portugués. De vez en cuando se detenía, miraba hacia su traductora, y decía, "¿Cómo se pronuncia [cierta palabra] en portugués?" Después que obtenía su respuesta, regresaba de nuevo a predicar y enseñar.

De camino al Hotel, yo le pregunté, "Ana, ¿Cómo sucede eso?"

"No es con la mente, sino por medio del Espíritu", me respondió ella. "No puedes usar tu mente". No lo entendía, pero yo sí confiaba en el mismo Dios.

Regresé a casa en agosto para una cirugía sencilla. "Debo sanarme rápido", le dije al doctor. "Pronto, voy a llevar un equipo médico al Amazonas".

Dean me cuidó muy bien mientras convalecía. Disfrutamos de un tiempo raro de descanso hasta el triste día en septiembre cuando un amigo llamó, diciéndonos con urgencia: "Enciende la televisión".

Nos quedamos helados en nuestra sala mientras que las imágenes de las Torres Gemelas llenaron la pantalla. Oramos:

"Amado Dios, ayuda a esa gente y ayuda a nuestro país". Ese día, nuestra nación y nuestros viajes cambiaron para siempre.

Una semana después, todavía en estado de shock, tenía que decidir acerca de nuestro cercano viaje a Perú. Nuestro equipo estaba integrado por trece miembros de los Estados Unidos, tres doctores y enfermeras coreanos, y algunos pastores y asistentes peruanos. Algunos de los peruanos viajarían grandes distancias por autobús. ¿Todavía podría pedirles a los estadounidenses que fueran?

Todos planeábamos salir a principios de octubre, solo tres semanas después de los trágicos eventos del 9/11. Las amenazas para los estadounidenses que viajaran fuera del país eran fuertes, y no teníamos idea si el Gobierno nos dejaría volar.

Uno por uno, llamé a cada miembro del equipo. Cada uno me dio la misma respuesta: "Dios me llamó para ir, así que Él se encargara de mí.

Todo estaba bien en nuestras almas. Dios nos estaba preparando una vez más para el gran trabajo que se venía por delante.

Sacado del polvo:
Historia de Audén Lujan

Yo conocí a Avis en Prairie Grove, Arkansas, por medio de un amigo mutuo. Luego, me di cuenta de que Dios me estaba preparando para ir a trabajar con ella.

Si conoces a Avis, ya sabes que ella te habla inmediatamente de lo que hay en su corazón. "Acabo de comenzar un Estudio Bíblico con un grupo de mujeres, pero no sé lo que estoy haciendo. Necesito a alguien que hable el idioma", me confesó.

Cuando me preguntó acerca de mi educación, le dije que había estudiado discipulado. "Bueno, tú puedes venir para enseñar en un curso de discipulado", dijo ella, como si todo estuviera ya arreglado.

"Voy a orar al respecto", le dije, mas como una respuesta trivial que como una promesa.

Pero no mucho después, llegué a Pacasmayo y enseñé un curso de discipulado de un mes. Avis estaba lista en cuanto terminamos. "¿Te interesaría venir aquí de tiempo completo?"

Me reí. "Avis, tú sabes que ya soy pastor, ¡Tengo mi vida hecha!"

Siempre me habían gustado las Misiones, pero no estaba listo para servir en Perú. Aun así, "Nada es imposible para Dios". Le dije.

Para la semana de Acción de Gracias (la última de noviembre), todavía seguía orando. Le dije a Dios: "Tú sabes que siempre quiero hacer lo que Tú deseas, pero tampoco quiero cometer un error. No quiero dejar a la gente aquí. Pero si Tú quieres que yo vaya, estoy dispuesto. Ya que no lo tengo bien claro, por favor dame una señal".

Le pedí a Dios para una fecha específica, el 16 de diciembre. "Si llueve en ese día, yo me voy". En esa parte de mi país, la temporada de lluvias es de mayo a septiembre. No llueve en diciembre, así que no se la estaba poniendo fácil. Pero la noche del 16 de diciembre comenzó a lloviznar. Yo le dije a Dios: "eso es solo un poquito de lluvia, eso no cuenta. No voy a entender que quieres que vaya a menos que llueva, ¡De verdad!

Lo que sucedió al poco tiempo fue que comenzó un aguacero. Y continuó lloviendo toda la noche. Desperté a la mañana siguiente y dije suspirando: "Bueno Dios, tú ganaste". En los meses siguientes, puse todas mis cosas en orden. Me fui a Pacasmayo en septiembre de 2005 para pastorear la iglesia Marcos 16:15.

Dos o tres días después de mi llegada, conocí a una misionera voluntaria de nombre Wendy. Algunos problemas de viaje habían postergado su visita, de no haber sido así, no nos hubiéramos *conocido. Nos casamos después de un año y hemos vivido desde entonces en Perú.*

Avis es una persona muy persistente – hasta se la podría llamar terca. Aun cuando todas las cosas están en su contra, ella sigue adelante en obediencia a Dios. Eso me animaba. A veces, cuando las cosas se ponían difíciles, yo pensaba: "Bueno, si Avis lo está haciendo, yo también lo puedo hacer.

Para mí, el mensaje de Avis es que las deficiencias que tú tengas, no son excusas para decir: "Yo no voy a hacer lo que Dios me ha llamado a hacer". Hay tantas personas tan capacitadas pero pierden el tiempo esperando a que todo sea perfecto antes de hacer algo para el Reino de Dios. Es triste ver eso, porque en realidad no eres tú sino Dios quien hace todas las cosas de todos modos. Así como Avis siempre dice: "Tiene que ser Dios".

CAPÍTULO 16

El Legado

Nuestro viaje misionero de un mes no podría haber sido más lleno de Ministerio. Hicimos campañas médicas todo el día en tres diferentes pueblos a lo largo del Amazonas. En cuanto el centinela de cada aldea nos divisaba, tocaba su tambor para hacerles saber a todos que habíamos llegado.

Las casas consistían de barrotes de madera cortados de grandes árboles para hacer una plataforma grande sobre pilotes. La gente se desplazaba entre las chozas en canoas. Los lados de cada casa estaban al aire libre y un techo no muy alto hecho de paja bajo para protegerlos de las torrenciales lluvias que caían a diario.

En una esquina de cada choza había un área de caja llena de arena en donde la familia hacia el fuego para cocinar. La parte central de la casa era cerrada con cortinas o con bambú para proveer un baño para las personas. El inodoro consistía de un agujero cortado de madera. El desecho caía en el río donde, a unos pocos metros, podías ver a alguien con una cubeta recogiendo de esa agua para tomar, lavar la ropa o bañarse. Yo no me alarmo tan fácilmente, pero estas condiciones insalubres sí me asombraron. También inspiraron a mi hermano Fred a perforar pozos para algunas de las aldeas amazónicas.

Un día, nuestro grupo se fue río abajo desde San Juan, el pueblito donde asentamos un Campamento. Cuando intentamos regresar, el motor del bote se averió, así que salimos más tarde de lo planeado. La noche caía y viajar río arriba era difícil porque no teníamos luces verdaderas. Fred se sentó en la proa para cuidarnos de los troncos y de otros desechos. Solamente podía encender su lámpara de vez en cuando porque ya sus baterías estaban bajas.

Al fin llegamos de regreso al Campamento, pero no para descansar. La esposa del pastor de San Juan estaba en parto de su octavo hijo, y las cosas no iban bien. El Dr. Kim, un coreano quien encabezaba nuestro equipo médico, quería transportarla a una Clínica río abajo, más lejos de lo que habíamos viajado temprano.

Fred, acondicionó algunas luces, y él, el doctor y la partera salieron en nuestra ambulancia acuática. Temprano del siguiente día, una bebita sana llegó al mundo. Su nombre inusual armonizaba con su inusual llegada: Avis.

Teníamos servicios todas las noches mientras que viajábamos río arriba y río abajo. Pero como todo Ministerio, este conllevaba un costo. Allí, en el Amazonas, los zancudos son tan abundantes como enormes. Predicaba en las noches con una blusa de manga larga, una falda hasta los tobillos, únicamente con mi cara expuesta y un mar de aerosoles y repelentes. Los zancudos seguían intentando volar adentro de mi boca cuando hablaba.

Traíamos regalos de medicinas, herramientas, zapatos, ropa y Biblias. Pero el más importante de todos era el regalo de Jesús, y muchas de las personas lo aceptaron. Este fruto de nuestra labor hacía que los mosquitos gigantescos parecieran más pequeños.

Había llegado el momento de volar hacia Pacasmayo una

vez más. En este viaje, tuvimos una Cruzada al aire libre y trabajamos con una iglesia pequeña llamada: *Jesús Es Mi Pastor*.

Dios hizo más profunda la carga en mi corazón por la gente – en su mayoría mujeres y niños – que habían huido de los combates de los capos de la droga y terminamos en Las Palmeras. Yo sabía que tenía que ayudar con más que solo ir a visitarlos o más que predicar. "Dios te va a ayudar, ten paciencia", y luego, regresar a la tierra de abundancia. La Escritura dice: "[17]*Pero el que tiene bienes de este mundo y ve a su hermano tener necesidad, y cierra contra él su corazón, ¿Cómo mora el amor de Dios en él?* [18]*Hijitos míos, no amemos de palabra ni de lengua, sino de hecho y en verdad*" (1 Juan 3:17-18). Debemos saber discernir cómo y dónde vamos a dar, pero nuestra compasión debe movernos a actuar.

Ya habíamos abierto un Comedor Comunitario, pero Dios me estaba dando una visión para un Ministerio más grande. Quería ayudar a estas mujeres a que construyeran una mejor vida para sus familias. Entonces, me imaginé a mis hermanos ayudándome a construir una casita. Prepararía una gran olla de sopa allí, que fuera suficiente para alimentar a las mujeres y a los niños que vendrían a estudiar la Biblia y otras lecciones. También pondría unas colchonetas para que los niños de la calle durmieran, y los lavaría y los enviaría a la Escuela todos los días.

Mi sueño era pequeño pero poderoso. Antes de irnos, mi hermano Fred y yo comenzamos a buscar un terreno. No me veía permaneciendo en Perú por largo tiempo, pero sabía que necesitaría una Base Misionera. Tenía que regresar a casa primero, ansiosa de compartirle a mi esposo mi nueva carga para este lugar y esta gente. Dean estaba recargado contra una pared en el aeropuerto de Fayetteville, esperándome como siempre. Pero esta vez, no se veía bien.

"Has bajado de peso", le comenté ¿Estás enfermo?"

"Me he estado cuidando de la comida. Mi espalda me molesta un poco, eso es todo".

Dos semanas después, él se quedó en casa porque se sentía enfermo y era un domingo en la mañana. Cuando regresé de la iglesia, lo encontré en el piso. Lo ayudé a subirse a la cama, pero tenía un terrible dolor. Contra su voluntad, llamé al número de emergencia, y más tarde lo internaron en el Hospital. Después de un día de exámenes y análisis, un joven doctor nos trajo las malas noticias: "Es cáncer, y ha invadido todo, le ha hecho metástasis". Dean y yo sabíamos que sin la intervención divina, no le quedaría mucho tiempo en esta tierra. Así que decidió regresar a casa y tener tratamiento a domicilio para pasar lo que le restaba de sus últimos días con su familia. Nuestros hijos y nietos nos visitaban seguido, y yo siempre estaba a su lado. Si yo salía del cuarto, se preguntaba dónde estará. Esos últimos meses fueron un tiempo de sanidad para ambos, y Dios caminó con nosotros cada paso de este camino.

"¿Tienes miedo de morir?" Le pregunté un día mientras estaba sentado en su silla de ruedas, mirando hacia afuera de nuestra ventana frontal.

"No", me respondió. "Solo que no quiero dejarlos a ti y a los hijos".

Dean también tomó el tiempo para planear lo que haría yo después de que él partiera. "Dios te está enviando al extranjero de tiempo completo, Avis", dijo con seguridad. "Y quiero cerciorarme de que estés a salvo cuando vengas a casa".

Me aconsejó que me deshiciera de la sierra eléctrica (él sabía que si la tenía, intentaría usarla), que mudara a mi hijo Mark con su familia a la casa, y que comprara una casa móvil para usarla cuando necesitara un descanso del campo misionero. Aun tan enfermo y débil como se encontraba, Dean todavía hizo todo lo que pudo para cuidarme. ¡Oh, cuánto amaba a ese hombre!

Sus compañeros del grupo musical Gospel, vinieron a verlo

más de una vez, y teníamos una cantata como en los viejos tiempos allí en la casa. A veces, él se unía al canto. Pero al rato, se sentía demasiado débil como para hacer algo más que sonreír.

Durante estos pocos meses, Dean se dio cuenta por primera vez, lo mucho que la gente lo amaba. A inicios del 2002, nuestra comunidad hizo una cena especial en el salón de los veteranos (VFW) para recolectar dinero y así poder ayudarle con sus gastos médicos. Él tenía tanto dolor que nadie esperaba que asistiera, pero una vez que supo del evento, quiso ir de todas maneras. Mi hijo y mi hijastro, Mark y Glen, lo recogieron con todo y silla de ruedas y lo pusieron en nuestra Van.

Llegamos al salón, los chicos lo metieron con su catéter intravenoso y otros tubos colgando por todos lados. Solo podíamos contemplar a la multitud de doscientas personas que llenaba aquel lugar. A medida que sus hijos lo llevaban al fondo del atestado salón, la gente se puso de pie para ovacionarlo. No mucho después de que llegáramos, escuché que uno de los "pays" ("pie" en inglés, un pastel o tarta) se subastó por sesenta dólares. *Eso es mucho dinero para un "pie"*. Pensé. A los pocos minutos, me di cuenta de que no se vendió por sesenta, sino por *seiscientos* dólares. Dios todavía seguía proveyendo, una vez más.

A medida que la tarde oscurecía, alguien puso una enorme cubeta de pollo roja con blanco, llena de dinero debajo de la frazada de Dean. Después, cuando lo contamos, no podíamos creerlo. Nuestros amigos y vecinos habían donado más de $10,000. Y después llegaron más donaciones durante las siguientes semanas, teníamos más de $13,000 de nuestra linda comunidad. "Yo no sabía cuánto me querían", dijo Dean, todavía asombrado.

Todos nuestros hijos estaban en casa el día 6 de febrero en la tarde cuando me incliné sobre la cama de Dean. Miró a su alrededor lentamente a su amoroso círculo familiar. Luego, me vio a mí, sonrió, y dio su último aliento.

Su funeral fue uno de los más grandes a los que yo he asistido. Parecía que la comunidad entera de Prairie Grove estaba allí. Cuando entré, oí su voz grabada cantando: *"Un día, yo quiero andar por el Cielo contigo"*. Sonreí entre lágrimas al oír la voz de mi amado declarar su amor por su Salvador. *Él ya no está sufriendo, me di cuenta, y de seguro que está ahora mismo cantando.*

Todavía siento a veces como si hubiera perdido mi ancla. Dean era eso para mí. Él mantenía a nuestros hijos ya crecidos, nuestras finanzas y nuestra casa en orden mientras que yo andaba de un lado para el otro. Él vigilaba todo, incluyéndome a mí.

Puse todo lo mío de lado durante sus últimos meses para enfocarme en él. Y fue como él me dijo, Dios estaba preparando el camino para que yo sirviera en el extranjero de tiempo completo. Primero se encargó de nuestras finanzas. Gracias a la buena administración financiera de Dean, ya no teníamos que pagar la casa. Pero mientras que él estaba enfermo, las cuentas se acumularon, y el funeral costó más de lo que la póliza cubrió. Comencé a hacer llamadas para saber cuánto debíamos. Con nuestros pequeños ahorros y con el enorme monto de la cena de los "tartas", pude pagar a sus doctores y a la Clínica de imágenes. Pero faltaba lo más grande: el Hospital.

Hice una llamada telefónica, y me conectaron con el departamento de contabilidad, después de haber hecho unas transferencias. Les dije quién era y que quería comenzar a pagar mi gigantesca cuenta. Algo increíble pasó luego. "No debe nada, Señora Goodhart. Está libre de deudas".

Esa noticia todavía me deja boquiabierta. Fue un punto de cambio, una de esas veces cuando tú sabes que Dios te está enviando en una dirección particular. Me di cuenta de que estar libre de deudas era un regalo hermoso, pero en aquel tiempo, no tenía la manera de ver cuán hermoso.

Cuando me pongo a recordar, me doy cuenta que yo nunca

me hubiera ido al campo misionero con deudas pendientes. Hubiera conseguido un trabajo, comenzado un negocio o hubiera hecho alguna otra cosa para pagar esas cuentas. Pero, eso me hubiera mantenido en casa, y Dios sabía eso. Así que Él hizo posible que yo saliera con una conciencia tranquila, libre y sin deudas.

Dios me mostró una vez más que si yo daba un paso de obediencia, Él se encargaría de los detalles. Iba a necesitar acordarme de esa lección durante los meses y los años venideros.

Sacada del polvo: La señora de las cajitas de zapatos

Claro que Dean no era el único que invertía en 'Go Ye Ministries'. En los primeros años, casi todo viaje misionero incluía la distribución de cajitas de zapatos. Al principio, le pedíamos a la gente que las empacara con juguetes, jabón, crema dental, calcetines y otros artículos para los niños. Pero, por algunas personas que daban algo inadecuado o sucio, pronto aprendimos a revisarlas.

Lorene Vickery (la esposa del pastor quien empacó el camión para las víctimas del Huracán Mitch) se convirtió en nuestra coordinadora de las cajitas de zapatos. Primero, las revisaba todas y las envolvía otra vez. Después, decidió que deberíamos pedir donaciones financieras para que ella pudiera comprar los artículos y empacarlos ella misma.

Todas las cajitas contenían una prenda de ropa interior nueva, calcetines, un conjunto de ropa, dos juguetes y artículos de higiene personal. Alguien diseñó en ese año, un libro para colorear que enseñaba el Evangelio para los niños. Lo reproducimos y pusimos uno en cada cajita de zapatos. Así como lo hizo con el camión, Lorene aprovechó todo el espacio de las cajitas. No enviaba biberones vacíos, por ejemplo; sino que los llenaba de cosas. Todos los artículos en cada cajita tenían un propósito, y con cada cajita de zapatos, venía el inventario que era una lista mecanografiada de su contenido.

La gente era generosa con sus donaciones, y Lorene nunca desperdició un centavo. 'Go Ye' tenía a muchos que ayudaban a distribuir las cajitas a los niños en Honduras y después en Perú. Mi hermano Fred, quien vivía en el norte de la Florida, frecuentemente nos ayudaba a transportar cargas de cajitas de zapatos desde Arkansas a Miami. Teníamos allí un contacto que exportaba refrigeradores a Honduras. Cuando le pedíamos ayuda para llevar las cajitas, él se ofrecía y nos decía que si le ayudábamos a empacarlas dentro y alrededor de los refrigeradores, no tendríamos que pagar dinero alguno, y eso fue lo que hicimos.

El embalaje y desembalaje era un agotador trabajo, pero enviábamos miles de cajas y bendijimos a miles de niños. Su primera cajita de zapatos les trajo a muchos de ellos su primer juguete, o una muñeca o un carrito.

En Prairie Grove, Lorene era conocida como la "señora de las cajitas de zapatos". Ella nunca vio a ninguno de los niños quienes recibieron nuestras cajitas, pero ayudó a cambiar muchas vidas. El día en que ella se encuentre con esos niños en el Cielo, creo que ellos la conocerán y sabrán que ella dio de su tiempo y energía para bendecirlos.

Capítulo 17

La Casa de Paz

Dios también preparó el camino para la siguiente obra que Él había planeado para mí en Perú. Y Él usó a dos de mis hermanos para hacerlo.

Mientras que yo todavía cuidaba a Dean, Fred y George regresaron a Pacasmayo para dar seguimiento a nuestras citas con el Alcalde. Encontraron un lote disponible allí en una parcela en las afueras de Las Palmeras, pero necesitaban el permiso de la municipalidad para comprarlo.

Ambos, el Alcalde y su hermano eran ingenieros, y Fred es constructor. Una vez que obtuvieron el terreno, mi hermano dibujó una iglesia en el piso de tierra. "Lo compraremos", Fred, me llamó para decirme. Supe lo que él quería decirme, pero yo estaba tan enfocada en Dean y sus necesidades que aquellas palabras parecían surrealistas. No hice preguntas. Yo solo seguí cuidando a mi esposo.

Dios estaba usando a Fred para llevar mi visión a un nivel mucho más alto. En lugar de un pequeño y simple edificio en donde solo podría cuidar a unas pocas personas, él planeó una grande y hermosa iglesia con una cocina moderna y grande y un salón para ministrar a las mujeres y también a los niños.

Antes de regresar a casa, Fred tomó las medidas del plano que dibujó en el suelo. Una vez en Florida, trazó los planos y los envió al Alcalde, quien los adaptó para que coincidiera con los códigos de construcción en Perú. Mi visión avanzaba hacia adelante, aun antes de que pudiera regresar a Perú.

Como Dean ya había fallecido, yo estaba ordenando mi vida. Me mudé a *Go Ye Ministries* a una casa de remolque rodante de 5,4 metros, y mi hijo y su familia se mudaron a la casa que Dean y yo habíamos construido. Durante los siguientes años, familiares y amigos me ayudaron a construir una linda casita de dos dormitorios en medio de tres hectáreas de terreno que dividimos de nuestro lote principal.

Dean murió en febrero de 2002, y en ese mismo año en julio, retomé mis viajes entre Perú y los Estados Unidos. Solamente que ahora estaba construyendo en ambos lugares.

En enero del 2003 llevé a otro grupo al Perú y continué con mis preparativos para el Ministerio a largo plazo. Yo me quería reunir con el Alcalde para entender mejor los planos que él y mi hermano habían hecho. Fred me acompañó para ver y asegurarse que todo estuviera correctamente diseñado según los planos.

Los tres tuvimos una buena reunión, y el Alcalde hasta permitió que oráramos por él. Una vez que revisamos los planos, él se dirigió a mí preguntándome: "¿Cuándo vas a comenzar a construir?"

Titubeé sabiendo que la cuenta de *Go Ye* solo contenía como $2000 dólares. Fred y yo compramos nuestros boletos aéreos con nuestros propios recursos, una práctica que continuamos haciendo hasta este día. Pero mi amoroso y generoso hermano me susurró al oído: "Dile que comenzaremos ahora. Yo te daré los primeros $10,000". *Go Ye Ministries*- en Perú estaba a punto de abrir sus puertas.

El equipo completo participó en la ceremonia de inauguración para cortar la cinta. Uno de los hombres del equipo tenía una trompeta y otro un shofar. Danzamos, gritamos, cantamos, tocamos las bocinas y adoramos a Dios. Hicimos tanto ruido que todos los vecinos salieron para ver qué estaba sucediendo.

Solo pasó un minuto cuando Dios susurró: "Háblales acerca de Mí". Tomé a mi traductor y compartí una sencilla presentación del Evangelio simple y al grano. Allí en el polvo de la comunidad del vertedero, treinta personas entregaron su corazón a Cristo. Usando el español fragmentado, el equipo anotó sus nombres y una idea aproximada de la dirección donde vivían.

El equipo y yo volamos sobre las montañas hacia Iquitos casi inmediatamente para un tiempo de Ministerio planeado antes de regresar a los Estados Unidos. Yo me quedé allá para una Conferencia de Mujeres durante cuatro días. En lugar de regresar a los Estados Unidos como lo había planeado, me fui a Pacasmayo. Yo quería estar allí para ver el comienzo de la construcción del edificio, pero lo bueno fue que no pude ver todos los obstáculos que vendrían.

La primera construcción real comenzó a finales de febrero del año 2003. Mi asistente y yo vaciábamos agua en los agujeros profundos para la cimentación de la iglesia cuando otra mujer vino y me preguntó: "¿Van a asistir a la reunión?"

"¿Cuál reunión?"

"La reunión en la casa de Isabel. ¡Todas las personas que se entregaron a Jesús el otro día estarán allí!"

"¡Vamos!" le dije.

Tomé mi Biblia y me apresuré a la casa de Isabel. Las mujeres y los niños llenaron el cuarto. "Nos hemos convertido en cristianos y sabemos que los cristianos deben orar", explicó Isabel. "Por eso hemos decidido tener esta reunión".

Entre toda la gente que había allí, solo se encontraba una Biblia, pero me pidieron que les enseñara más acerca de Jesús. Yo no pude decir no, pero tampoco podía dejarlos con tan solo una Biblia. Hice el viaje de doce horas en autobús a Lima y compré cajas de Biblias en español y otros folletos.

Les di una Biblia a todos los que asistieron a la reunión ese sábado. Ese fue el comienzo de nuestro Estudio Bíblico de Las Palmeras, que se convirtió en la congregación del nuevo local. Cuando les repartí las Biblias y los folletos les di algunas instrucciones: "Si no los leen y siguen viniendo a nuestros Estudios Bíblicos, se los voy a recoger", les advertí. Durante las primeras semanas regalé más de ochenta Biblias.

Poco después, combiné los Estudios Bíblicos con manualidades. La última vez que estuve en los Estados Unidos, había orado para poder enseñar a las mujeres a hacer algo que pudieran vender. Le pregunté al Señor, mientras manejaba para ir a un compromiso a predicar: "Dios, ¿qué podrían hacer para ganar un ingreso sostenible, algo que no cueste mucho?" Allí en mi tablero había un estropajo de red de nylon usado para lavar platos, hecho para mí por una amiga.

Tomé ese pensamiento como de mi Padre. Cuando regresé a Perú, me traje bolas de red de nylon y algunas docenas de agujas para tejer a ganchillo. Después del Estudio Bíblico y la oración, les enseñé a las mujeres a tejer los estropajos, y les dije: "Estos llevarán el buen nombre de Las Palmeras a los Estados Unidos". "Será también una forma en que ustedes ganen dinero y de recordarles lo importante que son".

Envié a las mujeres a casa después de la segunda semana con todo lo que necesitaban para hacer los estropajos. Les compré los primeros modelos a aquellas que hicieron suficientes para vender. Una de las mujeres que vino a Jesús el día de la dedicación fue la primera en la fila para vender su mercancía. La oí decirse a sí misma entre dientes mientras que le pagaba: "Puedo comprar el pan".

Dios estaba confirmando la obra de nuestras manos. Y el

tomar el tiempo para dirigir los Estudios Bíblicos y enseñarles a las mujeres una destreza, eran ambos parte de Su plan.

Todo el tiempo que estuvimos construyendo la iglesia, teníamos setenta mujeres y como doscientos niños asistiendo a los Estudios Bíblicos cada semana. Ocupaba mi tiempo enseñando y yendo y viniendo a Lima, obteniendo permisos e ingresando toda la documentación para registrar una Organización sin fines de lucro en Perú. Nos adherimos a varias organizaciones que pertenecían a iglesias, ONG's y Orfanatos y teníamos reuniones con muchos abogados. Solo por la Gracia de Dios pude navegar este laberinto y registrarme en Perú.

También, pasé mucho tiempo con el papeleo y los trámites relacionados a la construcción de la iglesia. El edificio seguía avanzando, pero todo requería de un permiso, una inspección o cualquier otro trámite gubernamental que parecía demorar cinco veces más de lo que demoraba en mi tierra. Fred viajaba cada vez que podía para supervisar el proyecto.

Los proyectos de construcción en Perú, como casi todas las cosas, se hacen de una manera completamente diferente que en Estados Unidos. Cuando se hace un techo de concreto, utilizan tres mezcladoras de cemento. Filas de hombres suben y bajan una escalera de fabricación casera, y vacían cubetas de cemento sobre tablas de madera sostenidas con largos y delgados postes. Dejan los soportes durante tres o cuatro semanas hasta que se seca el concreto.

La tradición es que cuando se hace un techo, el dueño tiene que hacer una cena para todos los trabajadores. Les pedí a las mujeres de la iglesia que cocinaran fríjoles, arroz y carne en el patio posterior. Antes de la cena, una vez más aproveché la oportunidad para orar y compartir un sencillo mensaje del Evangelio.

Sabíamos que estábamos levantando mucho más que un edificio. Estábamos estableciendo un Ministerio, y queríamos que tuviera el firme fundamento de la fe y la obediencia a nuestro Señor.

Pero, cada vez que bajábamos la cuesta hacia Pacasmayo, no podíamos evitar el ver a docenas de niños mendigando en la calle. Si te sentabas en un restaurante al aire libre, se acercaban a pedir tus sobras y dinero. En el centro, algunos dormían en los árboles porque no los dejaban dormir en la calle. Y si eran sorprendidos molestando a los turistas, la policía los recogía y se los llevaba. La reputación de la ciudad como uno de los lugares favoritos para surfear, les importaba más a las autoridades que el cuidar a los niños.

Conocí a un adolescente de nombre Pedro quien vivía en las calles. En lugar de darle dinero, lo llevé a comer. "¿Quieres comer mañana?" le pregunté.

"Sí, señora", me respondió.

Le enseñé a recoger la basura alrededor de nuestra construcción, y la limpiaba todos los días. Después que le compré un nuevo par de zapatos, su abuelo me visitó. "¿Eres cristiana?" Me preguntó.

"Yo creo en el Cristo de la Biblia", le comenté.

"Eso es bueno, ¿Recogerías a mi nieto, por favor?"

"Pero el Orfanato no está terminado", le expliqué. "Tenemos que terminar la iglesia primero".

Las lágrimas brotaron de los ojos del anciano. Y así es como Pedro se convirtió en nuestro primer huérfano no oficial. A veces, visitaba a su abuelo.

No mucho después, ya estaba cuidando a cuatro chicos, todos adolescentes. Eran niños de la calle, y ninguno de ellos tenía dónde dormir. Como Pedro, trabajaban en el lugar de construcción con nosotros durante el día y dormían dentro del edificio de la iglesia durante la noche. Pero eventualmente, la Agencia del Gobierno que supervisa las adopciones, no nos permitió tener a ningún niño hasta que toda la documentación estuviera en regla y que fuera legal y completa. Intentamos colocar a los adolescentes con familias.

Todavía veo a Pedro cuando voy al centro. Ya es todo un hombre y maneja una mototaxi.

Mientras que me preparaba otra vez para regresar a los Estados Unidos, la iglesia comenzó a tomar forma. Lo que había sido una visión y un plano dibujado en el polvo era ya algo tangible. Y me contaba como bendecida de unirme al Plan de Dios y a Su preciosa Obra.

Sacada del polvo: Historia de Georgina ("Gina") Carrera Grados

He trabajado en la 'Casa de Paz' durante cinco años. Fui mamá sustituta (a cargo de una de las "casas") por espacio de tres años, y he sido la directora del Orfanato durante dos años y medio. Estoy aquí para ayudar a los niños y eso me encanta.

Lo más difícil de este trabajo aquí, es ayudar a los niños nuevos a adaptarse. Cuando vienen niños nuevos, debemos esforzarnos por ganarnos su confianza. Es una responsabilidad, también porque estamos bajo el MIMDES (el Ministerio de la Mujer y el Desarrollo Social, y la Agencia Gubernamental. encargadas de supervisar los Orfanatos). Si no hacemos bien las cosas y un buen trabajo, nos pueden clausurar. Tenemos que ser muy cuidadosos con toda la documentación y asegurarnos de hacerlo todo de la manera correcta.

Puede ser difícil comunicarse a veces, [con quienes hablan inglés], pero lo superamos. Los niños son la parte más gratificante y a la vez desafiante de trabajar aquí. Todos ellos llegan con diferentes actitudes, pero cuando llegan aquí, todos tienen que cambiar su comportamiento. No podemos prevenir sus problemas, pero sí les podemos ayudar. Entre más edad tienen, es más difícil ayudarles a superar su pasado.

Al principio cuando vine a trabajar aquí, trabajaba todo el día, e incluso también toda la noche. Solo teníamos un día y medio de descanso a la semana, era muy difícil.

Una de las cosas más difíciles para mí es cuando los niños mienten o muestran problemas en su comportamiento. Todos los días oro y le pido a Dios que me dé mucha paciencia.

Me gustaría que el Orfanato tuviera más dinero para poder hacer de él, un mejor lugar para los niños. Por eso es que estoy aquí: para ayudar a los niños.

CAPÍTULO 18

La Generación de Líderes

Cuando veo en retrospectiva nuestro Ministerio en Pacasmayo, no puedo evitar el ver la fidelidad de Dios. Mientras que escribo esto, acabamos de terminar nuestro séptimo año de la Escuela de *Generación de Líderes* adyacente a la Iglesia Marcos 16:15. Comenzamos con tan solo seis grados, y cada año se va añadiendo el siguiente. El año escolar peruano comienza en marzo y termina a mediados de diciembre. Nuestros estudiantes han ganado muchos premios a través de los años en áreas tales como el ajedrez, las caminatas, las ciencias y los deportes.

Mi visión original no tenía nada que ver con una Escuela ni con una iglesia o un Orfanato por supuesto, pero Dios aumento la visión al hacer crecer el Ministerio. Veíamos una necesidad, planeábamos suplirla y mirábamos a Dios llevarnos más allá de lo que podíamos pedir o pensar.

Nuestro Orfanato tuvo su comienzo oficial en abril del 2005. En el 2004 habíamos añadido en el costado oriental del local de la iglesia Marcos 16:15 un ala en donde albergaríamos a los niños. Le dimos el nombre de 'Casa de Paz' porque eso es lo que queríamos darles a los niños, que Dios nos trajera: Paz.

Ya cuando tuvimos la aprobación del Estado, no nos faltaron niños. Muchos de ellos, llegaban a nosotros por medio del sistema judicial, y así como en los Estados Unidos, muchos de ellos no eran huérfanos en verdad. En vez de eso, los padres perdían su custodia por causa del abuso del alcohol o las drogas, o el abuso físico u otros problemas.

Este tiempo de crecimiento fue dado a luz y continuó con oración. Le pedí a Dios que nos trajera las personas que pertenecieran y que mantuviera lejos a las que no. Otra oración que ha significado mucho para mí es, "Señor, cámbiame. Aunque las uvas se sequen, todavía te seguiré alabando".

Entre más vivo, más me encuentro a mí misma en un estilo de vida de alabanza. A menudo escucho a la gente decir cosas como: "yo no sé dónde me quiere Dios" o "yo no sé lo que Él quiere que yo haga". Pero todo lo que tenemos que hacer es estar dispuestos. Él es suficiente para movernos adonde Él quiera.

Nuestra visión para 'Go Ye Ministries' creció con la necesidad. Yo tenía la intención de involucrarme directamente con todos los niños del Orfanato, pero pronto, la montaña de trámites y la burocracia me abrumó. Terminé haciendo más trabajo administrativo que lo que jamás imaginé. Porque no sabía exactamente cómo hacerlo yo misma, tampoco podía decirle a nadie cómo para que lo hiciera bien. Y hasta el día de hoy, a menudo siento que nunca termino de aprender.

Claro que la barrera del idioma no me ayudó a mover las cosas. Pensé que lo aprendería al mudarme a Perú y viviendo entre todos los hispanohablantes. Pero una mente disléxica no funciona de ese modo. Aun después de todo este tiempo en Centro y Sudamérica, sé suficiente español para defenderme, y eso es todo. A veces mis secretarias hablaban inglés, y a veces no. A veces he tenido traductores para hablar con Funcionarios del Gobierno y a veces no. Pero Dios permanece fiel. Cuando estoy predicando, aconsejando a un niño, dirigiendo un Estudio

Bíblico de mujeres, o haciendo planes para abrir una nueva parte del Ministerio, de algún modo, el mensaje siempre llega. ¡Toda la gloria es para Él!

Así como Él lo hizo hace años en Arkansas, Dios puso personas a mi lado para ayudar con la Obra del Ministerio. Por supuesto, que tenía miembros de la iglesia dispuestos, pero la mayoría de ellos eran bebés cristianos con recursos económicos limitados. El dinero no alcanzaba para tanto. Por ejemplo, cuando comenzamos a construir la iglesia, el tipo de cambio era 3.47 soles por un dólar americano. Ahora está alrededor de 2.58. Eso significa que necesito más dinero para hacer lo mismo que en un tiempo en el que la mayoría de los norteamericanos tienen menos. Pero Dios sigue proveyendo, Él nunca falla.

'Go Ye Ministries' abrió una Escuela para satisfacer la necesidad de nuestros niños del Orfanato, quienes estaban teniendo muchos problemas con su educación. El Distrito que incluye la Comunidad de las Palmeras, es pobre, la Escuela Pública a la que deben asistir los niños es tan desolada que hasta la oficina principal no cuenta con computadoras. En Perú, tienen una ley, que todos los maestros de las Escuelas Públicas son empleados del Estado, lo que significa que es muy difícil despedirlos. Si ellos tienen que ir a una cita médica, por ejemplo, solo le avisan al profesor de enseguida y se van. Puedes entrar a una Escuela y encontrar a los niños corriendo por todos lados en el patio.

'Casa de Paz' no podía permitirse que nuestros niños se pasaran todo el tiempo nada más corriendo. Como la mayoría de los niños provenientes de trasfondos disfuncionales, ellos necesitaban estructura y disciplina. Ellos nos necesitaban para que nosotros abriéramos una Escuela para ellos.

La necesidad de nuestros niños pronto se convirtió en mi ferviente oración. Yo no me veía a mí misma regresando al salón de clases, pero por los niños, algo tenía que cambiar.

En el mercado de la ciudad, un día conocí a un hombre y a

su esposa, ambos profesores ya mayores de edad. Después de una larga conversación, vinieron a visitar la *'Casa de Paz'* y se enamoraron de dos de nuestras niñas. Mientras esperaban un permiso para adoptarlas, comenzaron a dar tutoría a todos nuestros niños. Eso hizo una gran diferencia a la hora de la tarea.

La pareja nunca recibió la aprobación para la adopción de las niñas, pero sí adoptaron a Juanito. Un niño de dos años con el cabello rizado y una sonrisa que te derretía el corazón. A pesar de su edad, esta pareja lo quería. Toda la documentación al fin salió y él se fue con ellos. Me encontré con la linda familia el otro día en el mercado, y Juanito, ahora está en el segundo grado, se veía bien y más feliz que nunca.

Nuestros amigos ganaron un hijo, pero los niños de Casa perdieron a sus tutores. La Escuela Estatal seguía siendo un problema para nosotros. Necesitábamos una Escuela que entendiera las necesidades especiales y los problemas específicos de orfandad de nuestros niños.

Algunos tenían ya doce años y nunca habían asistido a la Escuela, otras con tan solo catorce años ya eran madres. Una vez más, Dios abrió el camino.

Uno de nuestros colaboradores más fuertes era un hombre de negocios de Missouri llamado Al Lockhart. Él y yo hablábamos acerca del problema escolar cuando de repente dijo: "Avis, tú necesitas comenzar por tu propia cuenta, para tu propia Escuela".

"Debe ser una broma. No necesito más quehacer ¡Apenas sí puedo mantenerme de pie ahora!"

"Pero tu contraparte en Moldavia [un país en Europa oriental donde él tenía un orfanato] tiene una 'School of Tomorrow,' (La Escuela del Mañana) y está funcionando de maravilla", me dijo. "Las familias acaudaladas de la ciudad envían a sus hijos a la Escuela, y eso apoya el Orfanato. A largo plazo, yo creo que una Escuela aquí haría lo mismo".

Me atraganté. *Yo quiero una Escuela, claro; pero no creo que pueda hacer esto. Pero Cristo en mí todo lo puede.* Mi canción de inspiración, como de costumbre era: *"Un Día a la Vez".*

Todos estos factores influyeron en nuestra decisión. El pastor Audén y Wendy ya se habían casado para ese tiempo y ella se encontraba en medio de un difícil embarazo. Eso significaba que Wendy pronto tendría que dejar de ser nuestra directora del Orfanato.

Wendy, siendo ella misma profesora, fue a Lima el año pasado a "La Escuela del Mañana" para una capacitación y el entrenamiento de una semana. Justo después de esto, decidimos esperar a abrir la Escuela hasta el siguiente año. Pero ahora, ella y yo comenzamos a presentar la montaña de trámites y todo el papeleo que necesitaban. Teníamos varios patrocinadores generosos que nos ayudaban a mantenernos a flote durante este tiempo.

"Haz una lista de todas las cosas que necesitas para comenzar una Escuela", me dijo Al, en un tono de voz de negocios. "Computadoras, proyectores, escritorios – no escatimes nada".

Me atraganté otra vez. *La Escuela del Mañana* tenía algunos requisitos específicos, y nosotros no teníamos nada, solo algunos voluntarios dispuestos y un poco de dinero en el Banco. Pero también teníamos a Jesús, y Él cambia todas las cosas.

Necesitaba $90,000 dólares para comenzar el año escolar – una grande suma de dinero en cualquier cultura, y un increíble reto para un pequeño Ministerio en Sudamérica. Eso ni siquiera incluía el edificio. ¿Cuántos millones costaría?

Mi hermano Fred pronto se entero de la Escuela. Siempre tenía que estar construyendo algo, así que comenzó a calcular. Él vino a mí con los números. "Con $16,000, yo lo hago".

"¿Hacer qué?"

"Construir la Escuela. Por $16,000, puedo dividir el área [un lugar separado para poner a las madres y los bebés del Orfanato], poner las ventanas y las puertas, construir un patio de juegos y poner la electricidad". En ese tiempo, teníamos como $30,000 en el Banco porque acababa de vender mi casa en Prairie Grove y haber entregado el dinero a *'Go Ye'*.

"Bien", me dijo Al, cuando me presenté de nuevo ante él para darle el informe. "Tengo un patrocinador que apoyará la Escuela. Comienza ya".

Seguía al día con el papeleo – tanto como es posible en Perú. Fred, comenzó a construir, y todos seguíamos orando. Nuestro día de la inauguración estaba proyectado para el mes de marzo de 2008. Estábamos corriendo a todos lados preparando las cosas y alistado todo. Gastando de nuestro propio dinero para construir mientras que esperábamos más de parte del patrocinador.

Hasta que Al llamó otra vez. "El patrocinador se retiró", me dijo Al triste.

"¿Qué?" ¡No puede ser posible!"

"No. Un gran incendio quemó casi todo lo que tenía. Tiene que invertir todo en reconstruir su negocio – no en nuestra Escuela en Perú".

Con o sin su patrocinio, estábamos demasiado adentro como para retirarnos. Estábamos entrevistando a los profesores, teniendo reuniones con los padres, algunos empleados del Orfanato se habían ido – todo lo que recuerdo es que era una locura. Y en medio de todo ello, el Ministerio de Gobierno que supervisa los Orfanatos, MIMDES, nos exigió que teníamos que comenzar a pagar a nuestros empleados casi el doble de lo que ganaban.

No teníamos el dinero para operar el Orfanato de esta nueva manera, y de seguro no teníamos el dinero para comenzar *'Generación de Líderes'*. Pero, de algún modo, gracias a algunos donantes generosos y a la providencia de Dios, pudimos abrir la Escuela a tiempo.

Desde entonces, hemos sobrevivido mes por mes. A veces,

tenemos dinero para pagar a nuestros empleados, y a veces no. A veces recibimos grandes donaciones, y a veces los fondos se reducen como si fuera un goteo. Pero siempre hemos permanecido funcionando, y hemos experimentado la clase de éxito que solo Dios puede explicar. *'Generación de Líderes'* es ahora una de las mejores Escuelas en Pacasmayo y así como en Moldavia, algunas familias acaudaladas envían aquí a sus hijos.

Durante los primeros cuatro años, me desempeñé como la Directora de la Escuela. Después, Dios me enseñó que era tiempo de pasar la Escuela a los peruanos que allí trabajaban. Como propietarios, ellos se encargan de pagar a sus profesores y no tienen que operar bajo la estricta escala salarial que el Gobierno requería de *'Go Ye'*, pero utilizaban nuestro edificio y nosotros les proveeríamos los voluntarios para enseñarles el inglés y otras clases cuando fuera posible. A cambio, accedieron y permitieron que allí cincuenta de nuestros niños asistieran gratis cada año.

A veces, creo que llegamos a pensar que tenemos que tener todo calculado antes de dar pasos de fe. Pero eso no es fe. Yo no creo que todos deben dejar sus empleos para ir al campo misionero, pero sí creo que Dios quiere más personas que estén dispuestas – dispuestas a abrirse a sí mismas para lo que Él quiere. Tal vez no les muestre un plan del resto de sus vidas. Tal vez, solo será un paso de fe a la vez.

Eso es lo que Él está haciendo en mí, y eso es lo que Él puede hacer en todo aquel que está dispuesto a confiar en Él. Yo no vine al Perú pensando que abriría una Iglesia, un Orfanato o una Escuela. De hecho, si Dios me hubiera mostrado todo eso desde un principio, tal vez, me hubiera regresado a casa. Pero ahora, cuando veo todas las vidas que han sido tocadas y cambiadas, solo puedo alabar a Dios. Él sabía lo que necesitaba suceder. Y Él es quien saca a la gente del polvo.

Sacado del polvo: Jorge Calderón Amaya

Este es mi cuarto año trabajando en el Colegio 'Generación de Líderes'. Soy el sub-director y profesor de primaria.

Llegué aquí el segundo año después de que la Escuela se fundó y en seguida me di cuenta que era un lugar especial. Vi la fe cristiana de las personas y la manera en que cuidan a los huérfanos en la 'Casa de Paz'. He sentido todo el tiempo que la fuerza de esta Institución es su fe en Dios.

Esta Escuela ha influenciado a esta comunidad para bien, especialmente porque se enseña el inglés. Sin eso, sería difícil para los estudiantes continuar con su educación.

Creo que la Escuela también ha sido una influencia positiva por el intercambio de clases sociales. Tenemos estudiantes que tienen dinero, y luego, tenemos a los estudiantes de la 'Casa de Paz' quienes no lo tienen. Pusimos una regla, que todos los niños aquí intercambiarían los unos con los otros. Tenemos las mismas reglas para todos, y los tratamos a todos de la misma manera. A veces, los padres causan problemas, pero tenemos muchos estudiantes con corazones humildes, especialmente aquellos cuyas familias tienen dinero, muchos de ellos están dispuestos a tener amistad con los niños de la 'Casa de Paz'.

Yo creo que eso es bueno, algo muy bueno para todos. Y creo que es una gran idea el permitir que los peruanos seamos los dueños de la Escuela, muy pocos norteamericanos dan este paso.

Al principio cuando llegué aquí, era tímido. Estaba listo para enseñar, pero esta era mi primera oportunidad. He aprendido mucho, durante el tiempo que he estado aquí. No tengo hijos, pero ahora trabajo con los niños en mi iglesia, y sé que algún día, me gustaría ser padre. Pero la mayor bendición de enseñar aquí, es que he crecido en mi fe y conozco mejor a Dios.

CAPÍTULO 19

Oh, Canadá

A través de los años, 'Go Ye Ministries' ha tenido la bendición de conectarse con una cantidad de iglesias e individuos quienes han dado su tiempo para servir a Dios aquí en Perú. Pero los niños de la 'Casa de Paz', el personal de la Escuela de Generación de Líderes y la gente de la iglesia Marcos 16:15 todos conocen a una iglesia de un país que se distingue de los demás. Junto con las estrellas y las franjas de los Estados Unidos de América y la Bandera Nacional del Perú desplegadas en nuestro santuario, una tercera bandera nos cuenta la historia. Orgullosamente ondulando con las otras, se encuentra la hoja de Arce de Canadá.

"¿Cuándo vienen los de Canadá?" preguntan con frecuencia los niños de nuestra Casa. Y también lo hacían las personas de Las Palmeras. Es decir, la amorosa gente de una iglesia canadiense que ha enviado aquí, múltiples grupos de misioneros. Ya han leído algunas historias de esos viajes. Pero ¿Cómo es que una iglesia pequeña en Drayton, Ontario se asoció con un pequeño ministerio en Perú? Solo Dios pudo haber hecho esta conexión y solo Él podría hacerlo tan bien.

Por allá en el 2005, el pastor Jeff McCracken soñaba con

el día en que el trabajo misionero se convirtiera en el estilo de vida de su gente. Un tiempo de servicio en el extranjero, le cambió su vida, y Dios lo urgía a dirigir a su iglesia en Drayton a involucrarse más activamente en las misiones.

Al mismo tiempo, sin conocer el corazón de su pastor, Jim Johnson, un empresario de la iglesia sintió que Dios movía a la congregación hacia el Ministerio de Orfanatos para ministrarlos. Él no sabía cuál Orfanato, dónde o cómo. Él solo sabía que los niños necesitaban ayuda, y Dios estaba llamando a Drayton para que participara y así poder ayudarles. Luego, el grupo de jóvenes compartió con el pastor Jeff su pasión para hacer la Obra Misionera con un Orfanato en un país subdesarrollado.

El liderazgo de la iglesia se reunió con todas estas ideas. Decidieron seguir la ruta del descubrimiento y ver hacia dónde Dios los estaba guiando.

Primero, el pastor Jeff y Jim hicieron algunas exploraciones. Se reunieron con un grupo en Colorado, Springs para aprender acerca de entrenar misioneros y con otras organizaciones para aprender sobre cómo trabajar con los huérfanos. También comenzaron a orar por el lugar adonde Dios los enviaría. En este proceso, desarrollaron una amistad con una mujer llamada Judy Lichter, quien dirigía a un grupo llamado "Children of Promise" (Niños de Promesa). Ella recomendó a algunas organizaciones incluyendo a *'Go Ye Ministries'*. El pastor Jeff y Jim continuaron trabajando para hacer la conexión misionera adecuada. Hablaron con los directores de los Orfanatos en México, Haití y Guatemala antes de llamarme a mí.

"¡Este es!" dijo el señor al terminar nuestra conversación. Jeff, Jim y yo nos conectamos realmente, y yo sabía que el Espíritu Santo estaba obrando. Cuando oramos juntos, Dios añadió la confirmación que ellos necesitaban. "Tú entendías nuestro latido del corazón para edificar a las personas", recordaba el pastor Jeff. "Encontrar a una misionera con quien trabajar fue como buscar una aguja en un pajar. Pero cuando oramos contigo, fue así como, 'Bueno, tenemos un espíritu afín.' Sentimos el lazo de nuestros corazones y cuando oramos, el Espíritu Santo vino. Esa fue nuestra confirmación".

En diciembre de 2005, yo fui a visitar la iglesia canadiense. Ese fue el primero de muchos viajes a esta congregación que se ha convertido en nuestra familia. Como dice Jim: "Queríamos ser parte de todos los altibajos de una relación contigo. Comprendimos desde el principio que esta relación iba para largo trayecto".

Yo hablé en su servicio del domingo por la mañana, y Dios vino. Después de terminado el servicio, las personas esperaron en fila para hablar y orar conmigo.

La iglesia estaba lista para ir. Aun antes de que yo fuera a Canadá, ya tenían a veintisiete personas registradas para servir en Perú. De hecho, ya tenían $25,000 recolectados para el viaje antes de conectarse conmigo. En ese tiempo, las veintisiete personas representaban casi las dos terceras partes de la congregación. A través de los años, he dado muchos pasos de fe. Pero, esta iglesia estaba dando varios saltos enormes a la vez.

El pastor Jeff estableció un proceso sólido para los miembros de la iglesia quienes desearan formar parte y servir en el equipo misionero. Todos tenían que llenar una solicitud y tener una entrevista. Los seleccionados pasaban por un entrenamiento para que cuando llegaran al Perú, ya estuvieran preparados para lo que sea que Dios les pusiera en su camino. Heather Clemmer, quien ha ido varias veces en ese equipo dice: "esta es la parte divertida e interesante – lo que el pastor Jeff siempre nos ha enseñado. Él no quiere que el viaje dependa del dinero sino del llamado de Dios".

Por tal énfasis, el grupo no hace grandes eventos para recoger el dinero. En lugar de ello, cada persona envía una carta sobre el viaje a los amigos y miembros de la familia. Todas las donaciones que entran van para el grupo completo. Cada misionero debe reunir por lo menos $500, pero nadie deja de ir al viaje por falta de fondos. Y siempre ha llegado todo el dinero necesario. "Si Dios quiere que vayamos, Él lo hace posible", dice Heather. "Nosotros hacemos lo que se supone que debemos hacer".

Cuando el grupo llega (generalmente una vez al año durante los meses de febrero o marzo), contratan a las mujeres de Las Palmeras para cocinar y limpiar. Así, los misioneros están libres para ministrar como Dios les guíe. A veces, trabajan con nuestra Escuela, yendo a las clases de inglés para enseñar o para responder a las preguntas de los alumnos acerca de la vida en Canadá. "¿Viven en iglús?" Siempre alguien hace esa pregunta.

Por los fuertes lazos de *'Go Ye'* con Generación de Líderes, la iglesia tiene la libertad de ayudar allí de cualquier manera en que ellos puedan. A veces, los profesores tienen las preguntas. Y cada año, después que el grupo se va, los profesores y los estudiantes preguntan como nuestros niños de 'Casa': "¿Cuándo regresarán los de Canadá?"

Otra de las cosas favoritas que los canadienses hacen es un "Pregúntale a Dios" o una búsqueda de tesoros. Nunca habíamos oído de esto antes de que ellos vinieran, pero nos encanta ver a Dios obrar. Un "Pregúntale a Dios" es una palabra de conocimiento en la que Dios da pistas y el equipo se mueve en respuesta a Su dirección.

En un "Pregúntale a Dios", el grupo se reúne para orar, pidiéndole a Dios que les dé una pista para ministrar a alguien en específico. A veces Él les dice el color de la ropa de la persona que lleva puesta para que puedan ayudarle; en otras ocasiones, susurra un nombre o una necesidad. Él siempre da suficiente información para que los miembros del grupo hagan Su trabajo.

Un día, una canadiense de nombre Tracey se enfermó, así que planeó no ir a ministrar. Pero sí se unió al *Pregúntale a Dios* antes de que los demás se fueran. Dios le habló a ella acerca de alguien llamado Franco, Francisco o Frank – no estaba segura. Ella se quedó a descansar, y el resto del equipo se fue sin ella.

Primero, oraron por una mujer que conocieron y presenciaron su sanidad. Luego, vieron a una pareja y a su hijo caminado por la calle.

"¡Oiga!, ¿Usted se llama Franco, o algo así?" Preguntó el equipo.

"Se llama Francisco, pero ustedes lo pueden llamar Frank y le decimos Franco".

Ellos no podían creerlo. ¡El niño tenía los tres nombres que Dios le había mostrado a Tracey! Estaban entusiasmados de poder orar por él y por su familia.

El mismo día, Tracey también tuvo una visión de una mujer quien había perdido a su marido recientemente. Mientras que el equipo se movía por la comunidad, no estaban seguros adónde ir después. La mayoría de las casas estaban vacías, con los padres trabajando y los niños en la Escuela. El equipo entero se sentó a orar cuando una mujer caminó hacia ellos.

"¿Son ustedes de los que levantan el censo?" Les preguntó.

Cuando supo que querían orar por ella, las lágrimas llenaron sus ojos. "Perdí a mi marido hace unos meses", les dijo. El equipo no solo oró por ella, sino que tuvieron el privilegio de presentarle a Jesús. Cada vez que el grupo de Canadá viene aquí, vemos a Dios hacer cosas asombrosas. A través de los años, estos grupos han trabajado ayudando a las Escuelas, a las Iglesias y el Orfanato. Antes que lleguen, hago una lista de las tareas que se necesitan hacer. Hacen lo mejor para cumplir con mi lista. Y Dios provee un sin fin de oportunidades no planeadas.

En uno de los últimos días del segundo viaje de la iglesia al Perú, una madre trajo a sus hijos para hablar acerca de dejar sus hijos en el Orfanato. Como lo dijo una de los miembros del grupo, "ella estaba buscando una guardería". Muchas de las madres aquí se encuentran en esa situación, necesitan un lugar seguro para sus niños mientras que ellas trabajan. La madre estaba abrumada por la idea de tener que dejar a sus pequeños hijos.

"Somos un Orfanato", le expliqué con amabilidad. "Tendrías que firmar unos documentos y alguien más podría adoptar a tus hijos". Tengo que asegurarme de que las madres entiendan esto antes de pensar en dejar a sus hijos aquí. Esta vez, la madre escogió no hacerlo.

Para cuando terminamos, la madre, la mujer canadiense y yo estábamos todas llorando. Todas queríamos cambiar su situación, pero nos sentíamos impotentes. Le compramos algunos abarrotes y le pagamos por una *mototaxi* para que pudiera llevar su comida a su casa. Fue un gesto insignificante comparado con su gran necesidad.

Después que se fue la familia, miré al equipo y les dije: "este también es trabajo misionero. Y si tú no lo haces, ¿Quién lo hará?" Necesito que vengan todos los años y que puedan traer lo que sea posible para ayudar a estas familias". Desde entonces, casi todos han regresado.

Los canadienses y yo compartimos una fuerte creencia que podemos traer la luz de Dios a las calles de Pacasmayo, y la relación que ellos tienen con nuestros niños es única. Durante un año, se imprimen las fotos que ellos toman y ayudan a los niños a hacer sus álbumes.

Estos no eran tan solo libros de recuerdos, sino libros de bendiciones. Cuando el equipo presentó los libros terminados, alguien diferente oraba por cada niño, compartiendo palabras que Dios les hablaba acerca del futuro de cada niño. Si hubieran visto la cara de aquellos niños. No creo que ninguno de los que estuvimos presentes, olvidaremos ese día.

Debido a que la iglesia y muchos de sus miembros han regresado una y otra vez, Dios les ha concedido un ministerio continuo con nuestros niños. Algunos de ellos llaman a los canadienses *tío* o *tía*. Una de las muchas chicas con un trasfondo de abuso se abrió rápido a ellos, pero otros de ellos demoran más. Una chica casi ni habló el primer año que vinieron. Pero, para su siguiente visita, ella se derritió en los brazos de una *tía* canadiense, llamada Fran, y ella estaba diciéndole cuán asustada estaba, cuán indigna se sentía y más.

"Tú eres una princesa", le reafirmó Fran. "Cristo te ha hecho digna".

Estos niños necesitan a alguien en quien puedan confiar. Y los canadienses entienden verdaderamente su propósito aquí. "Cristo nos envía por una razón", dice Fran. "Podemos ser la persona que comparte la Verdad con ellos justo cuando lo necesitan. Entonces, Él, comienza el proceso de sanidad. "¡Yo estaría allí todo el tiempo si fuera lo que Dios quisiera que yo haga!"

Yo necesito más personas como Fran, y necesito más iglesias como la de Drayton, dispuestos a invertir en el Reino de Dios al ayudar a 'Go Ye Ministries' y a nuestros niños. Yo seguiré confiando en que Él me enviará a los más adecuados.

Sacados del polvo: Tony y Mary Ann Giesen

Mary Ann: *La primera vez que vino a Canadá, Avis se hospedó en nuestra casa. Mi primera impresión acerca de ella era la paz. Tuvimos el privilegio de verdad en llegar a conocerla. Yo era una nueva cristiana en ese tiempo; conocí al Señor a los cincuenta y ocho años.*

Tony: *Yo tenía sesenta y cinco años antes de conocer al Señor, y a los siguientes dos meses, hice mi solicitud para ir al Perú en misiones. El Señor puso un verso de Jeremías en mi corazón en donde dice: "dejen de derramar sangre inocente".*

"Dios, nunca he matado a nadie". Le dije. Pero el versículo

continúa diciendo acerca de no oprimir a los huérfanos y a las viudas. Allí sí podía hacer algo. Él puso en mi corazón construir una casa en el campo misionero, para que cuando los misioneros se sobrecargaran, pudieran tener un lugar en donde descansar. Y resultó que mi esposa había orado para que Dios me mostrara algo especial. Regresamos al Perú en marzo del 2008 con el equipo misionero de nuestra iglesia. Buscamos un terreno. Uno de los pastores había construido una casa, y había un lote contiguo al de él que estaba disponible.

Comenzamos a construir en enero de 2009, y nuestra casa estaba terminada en abril. Desde entonces, hemos estado viniendo por cinco o seis meses al año para servir a Avis y a los demás voluntarios.

Mary Ann: *Avis es tan motivadora. Sin importar quien esté con ella, siempre encuentra palabras edificantes y de aliento. El cariño y la bondad fluyen de ella. Si alguien necesita dinero, solo abre su corazón. Es lindo estar a su lado, y algo que contagia se te pega.*

Tony: *Ella es dinamita, confía completamente en el Señor, Él sigue poniéndola en una situación en donde no haya dinero para el siguiente mes, y ella tiene que confiar en que Él se lo proveerá. Durante todos estos años en que ella ha estado aquí, ha funcionado. Dios siempre lo ha hecho posible.*

A veces, eso es muy difícil, aun si tienes mucha confianza y fe. Si el dinero no está allí el día antes de que lo necesites, ¿Qué haces? Sigues confiando, como dice el viejo himno: "Confía y obedece". Así es como Avis vive. Y así es como yo también quiero vivir.

CAPÍTULO 20

No Malgastes tu Dolor

Ninguna parte del Ministerio viene sin una batalla. Aunque, no digo eso para quejarme. Yo sé que los deseos de Dios para este lugar y para esta gente son grandes porque el enemigo ha luchado fuerte contra ellos. El conflicto comenzó mucho antes que empezara mi trabajo en Perú y en Honduras.

Por un instante, viajemos hasta el Jardín del Edén. ¿Recuerdas la historia en Génesis 3? Cuando Eva, la mujer que Dios había creado para Adán, *"vio la mujer que el árbol era bueno para comer, y que era agradable a los ojos, y árbol codiciable para alcanzar la sabiduría; y tomó de su fruto, y comió; y dio también a su marido, el cual comió así como ella"* (Génesis 3:6).

En ese día, se desató todo el infierno. Primero, la culpable pareja corrió a hacerse delantales de hojas de higuera. Antes de la caída, ellos estaban *desnudos, y... no se avergonzaban* – no eran ignorantes, sino inocentes. Ahora, su inocencia se había perdido. Y en la pérdida de esa inocencia, también perdieron su comunión con Dios. La libre comunicación que Adán disfrutaba cuando él caminaba y hablaba en el Jardín con Dios (Génesis 2).

Juan 10:1 nos habla de aquel que intenta apoderarse del rebaño como sea. El enemigo de nuestras almas hace todo lo posible por enclavarse en la humanidad porque no tiene derecho sobre nuestras almas. Pero la Escritura dice que el Pastor tiene acceso total a las ovejas. Él no tiene que entrar a la fuerza al redil. La puerta está abierta, y *"a sus ovejas llama por nombre, y las saca. Y las ovejas le siguen, porque conocen su voz"*, (Juan 10:3b-4). *"Mas al extraño no seguirán,... porque no conocen la voz de los extraños"*, (Juan 10:5).

Aquí, Jesús nos muestra que la comunión rota en la caída es restaurada cuando tenemos una relación con Él. Satanás todavía trata de alcanzarnos, pero Cristo tiene acceso constante por medio de su Espíritu Santo. Yo cuento con Él, el cual siempre me ayudará.

Tampoco quiero pintarlo tan color de rosa. 'Go Ye Ministries' ha pasado por algunos tiempos difíciles. ¿Recuerdas el pastor que me ungió con el espíritu de unidad? Esa es la batalla que he enfrentado durante toda la jornada. Colaboradores del Ministerio me han lastimado profundamente, he experimentado el dolor de relaciones rotas y el desánimo que trae la soledad.

El cáncer truncó mi matrimonio con Dean, y me ha tomado mucho tiempo para sentirme cómoda como mujer soltera. Todavía lucho contra sentimientos de vivir sola. Durante años, oré por una compañera de Ministerio, pero eso no ha pasado. De hecho, ambas amigas que pensé que tal vez servirían de ese modo, murieron de cáncer. Aunque soy apegada a mi familia, son ellos quienes me han ayudado de una manera maravillosa, aunque todos ellos tienen responsabilidades en su casa.

Nuestra falta de una cobertura consistente de parte de una iglesia u organización también nos ha lastimado, Busqué eso al principio, pero nunca pareció funcionar. Así que, además de nuestra maravillosa directiva de asociados, *'Go Ye Ministries'* ha carecido de colaboradores que estén con nosotros para apoyarnos y cubrirnos espiritualmente, financieramente, y de otras maneras.

Pero, cada vez que las cosas parecen injustas, me acuerdo de Jesús. Cuando empezó el Ministerio, *"los suyos no le recibieron"* (Juan 1:11). Uno de sus discípulos lo traicionó. Otro lo negó tres veces.

Como casi todos los misioneros te dirán, la mera logística de trabajar en otro país puede ser abrumadora. Todo lo que tratamos de hacer en Perú demora por lo menos tres veces más de lo que demoraría en los Estados Unidos. Llego a una oficina, y me dicen una cosa, voy a otra, y me dicen algo más. Unas semanas después me envían una carta diciéndome algo completamente diferente. Esto es válido para todo; desde la oficina del MIMDES que supervisa el bienestar de los niños, hasta la oficina de la Alcaldía.

Desde abril hasta agosto de 2006, mi hermano Fred y su esposa Peggy, supervisaron la construcción de nuestro segundo local para el Orfanato, en donde ahora se encuentra la *'Casa de Paz'* (el primero se ha convertido en el local de Generación de Líderes). Compramos un terreno del Municipio y pensábamos que todo estaba bien.

Pero no sabíamos que el Alcalde de Pacasmayo le había prometido el mismo terreno a alguien que le ayudó con su campaña política. El tiempo de elecciones se acercaba, y el hombre quería cobrar su parte. La situación casi nos destruyó antes de ni siquiera haber comenzado.

Fred, Peggy y yo estábamos cenando en un restaurante cuando yo seguía escuchando *"Go Ye Ministries"* que sobresalía del ruido de la televisión que colgaba de una esquina. El Alcalde había traído un tracto-excavador para derribar un local construido por personas a quienes llamaban "invasores", que construían en un terreno que nos les pertenecía.

Pero, ¿Por qué seguían mencionando nuestro nombre? No duramos mucho en caer en la cuenta: *'Go Ye'* era el siguiente. Para cubrir su error, el Alcalde nos declaró invasores y estaba enviando maquinaria para derribar los ladrillos que acabábamos de empezar a construir. Demoró un tiempo en desenredarse este lío, pero una vez que lo hicimos, nos pusimos en contacto con el Gobierno de San Pedro, que viene a ser el equivalente a un Condado para nuestra zona quien nos vendió el terreno. Para detener la demolición, el ingeniero tenía que aprobar nuestros planos. Más luces rojas, más burocracia – y más tiempo.

Andábamos de una oficina a la otra. Mientras tanto, teníamos que cuidar a los niños, ayudar a dirigir la iglesia, y seguir construyendo y construyendo. Lo bueno era que dependíamos de Dios. Solo Él pudo darnos la fuerza para perseverar.

Después de unas semanas, al fin pudimos seguir adelante con la construcción. Nunca entendimos todos los cambios requeridos, pero al menos nuestros huérfanos tendrían un lugar para vivir.

Nuestra tubería de agua potable en la *'Casa de Paz'* también ha sufrido problemas logísticos. Abrimos nuestras llaves (los grifos) y no salía agua. Tenemos un pozo que Emma Mier, una hermosa mujer de British, Columbia auspició, pero es de agua salada, así que lo usamos solo para bañarnos y lavar la ropa. Varias veces en la semana, teníamos que traer agua de un pozo potable que se encontraba a varios kilómetros de distancia.

Pero ¿Y qué pasa con el agua de la ciudad? Antes teníamos agua de Pacasmayo, pero demasiada gente invadió la tubería del Orfanato, cortándola para llevar agua a sus casas. Así que muchas personas tuvieron el agua gratis que, aunque nosotros seguíamos pagando por ella, no la recibíamos.

Vivimos con esta situación durante años. Podíamos llamar o visitar la oficina local, el Municipio nos prometía agua, y nada pasaba. Pero el ingeniero hidráulico al fin nos sugirió excavar una nueva zanja para nuestra tubería, que él mismo la instalaría.

"No", dijeron mis trabajadores peruanos cuando les dije acerca de su ofrecimiento. Ellos no querían causar problemas.

Muchos de los hombres de la comunidad son criminales, y nuestros hombres tenían miedo de cruzarse con ellos.

Pero Dios no nos ha dado un espíritu de temor. Nuestros niños necesitaban agua, y ya estaba cansada de esperar. "Vengan, vamos a hacer esto", les dije. Tomé una pala y comencé a excavar. Isabel me siguió los pasos.

No pasó mucho antes de que mis trabajadores peruanos, avergonzados, se unieran a nosotras. Los vecinos del barrio gritaban cosas horribles, pero seguimos excavando. Llamamos al ingeniero del Municipio, y después que él se nos unió, el furor se calmó. En tan solo unas pocas semanas, teníamos otra vez agua potable. Pero, tan solo a los pocos meses, mucha gente se había conectado a nuestra línea otra vez y el agua desapareció. Por ahora, estábamos otra vez trayendo agua en una cisterna dos o tres veces por semana.

Tal vez parezca solo un pequeño inconveniente, pero con el tiempo, es costoso, además que desgasta a nuestra combi (término peruano usado para una camioneta) y a nuestros empleados con su mano de obra. No hay muchos norteamericanos que escogerían bañarse y lavar su ropa con agua salada y fría, pero así vivíamos y era nuestra forma de vida. Después de meses de regar nuestro pedazo de césped con agua salada, casi todas las plantas se habían muerto. También tuvimos que sellar la cisterna que llenábamos con el agua potable para tomar y así evitar el polvo de Las Palmeras.

Hasta que Dios provea la manera para que vuelva a salir agua dulce de nuestros grifos, seguiremos utilizando otras fuentes. Lo alabo por todo lo que Él nos da y por el Agua Viva que derrama sobre nuestras vidas. Claro que no puedo culpar por todo a Satanás o al pecado. Algunos los causan nuestros propios errores. Tal vez recuerdan la historia que enseñé a las mujeres de Las Palmeras a hacer estropajos. Yo les pagaba por su trabajo y luego llevaba varios miles de ellos a los EE.UU. para vender. También hacíamos monederos y aprendimos a tejer bolsas de plástico con asas y hacerlas grandes para el mercado. Una vez que aprenden una manualidad o destreza, las mujeres de Las Palmeras son muy productivas en su oficio.

Pero cuando regreso a los EE.UU., estoy muy ocupada predicando y visitando a la familia. Era difícil para mí el encontrar lugares para vender las manualidades. Mis amigas compraban algunas, pero el resto terminaba en alguna cochera. Así que tuve que detener el negocio con las mujeres que hacían las artesanías.

Después, tuve una oportunidad de costura. Compré el valor de $500 de tela y dos máquinas potentes de coser. Mi amiga Rachel, la mujer que compraba mis sostenes años atrás, necesitaba cierto tipo de sostenes que nadie los hacía en ningún otro lugar. Tratamos y lo intentamos mucho, pero no pudimos hacer las cosas bien.

Después de muchos intentos fallidos, me fui a ver a un diseñador en California para ver si él podía hacerlo. "Este sostén tiene muchos elásticos", me dijo. "Si compras un rollo de blonda y al fin haces que funcione el patrón, el siguiente lote será distinto y tendrá suficiente holgura para ajustar tus patrones por cada rollo de blonda. Yo he estado en este negocio toda mi vida, y no tocaría más este proyecto ni con la punta de mis dedos".

Debió haber visto mi decepción, porque añadió: "Pero si Dios te dice que lo hagas, no me hagas caso a mí".

Regresé a Perú desanimada. Desistimos de nuestra idea de hacer sostenes, y Rachel encontró a alguien más. Así que teníamos tres máquinas lujosas de coser especializadas, un rollo de tela y nada que hacer con ellas. Parecía que mis ideas para empoderar a las mujeres, todas terminaron en decepción.

"¿Qué dice Dios acerca de situaciones como estas?" Él me dice que no me preocupe por nada, sino que ore (Filipenses 4:6). Me he equivocado más veces de las que me doy cuenta, pero de vez en cuando, hago algo bien. Él usa nuestros errores, especialmente cuando suceden por ignorancia. Y la mayor parte de las veces, soy más ignorante que otra cosa.

Dios está haciendo algo hermoso con nuestra historia de las máquinas de coser, incluso ahora. Nuestra amiga Isabel aprendió a coser en una máquina manual y ahora ya aprendió el modelo eléctrico. Pasa parte del tiempo cada semana, enseñando a nuestras chicas mayores a usar la máquina de coser y a bordar. Esperamos poder vender los artículos en línea, lo que ayudará a resolver algunos de nuestros problemas de ventas. Por encima de todo, seguiremos confiando en que Dios usará todo –aun nuestros errores– para traerle Gloria.

Mi vida nunca se ha parecido a un cuento de hadas. Pero he visto como Dios utiliza cada parte de ella, aun los dolores y los problemas. Cada experiencia que he tenido, buena o mala, son una ofrenda. Y Dios tomará todo lo que tú has experimentado y lo usará en Su plan para ti también. Él nunca malgastará tu dolor.

Sacado del polvo: Historia de Pete Lupton

No recuerdo la primera vez que conocí a Avis. Pero hay una cosa que sí sé, y es que yo tenía que ir al Perú constantemente.

Yo sabía que Avis tenía un Orfanato, y cuando ella vino a nuestra iglesia (en Drayton, Canadá) y el pastor Jeff organizó aquel primer viaje misionero, dije: "voy a tratar de ir".

Mucha gente quería ir, pero la iglesia solo podía llevar a cierta cantidad. Yo era un miembro nuevo y ni siquiera sabía la verdadera razón por la que tanto quería ir. Pero cuando entré por la puerta para la entrevista con el Comité de Misiones, Dios habló a mi corazón: "Oye, tú eres huérfano. Tú sabes de primera mano lo que se siente al estar en un Orfanato".

Ahora, no recuerdo mucho aquellos días [en el Orfanato], y mis padres adoptivos son fantásticos. Pero le dije al Comité lo que Dios había puesto en mi corazón: Yo quería ir a dar de lo que había recibido.

Allá en Pacasmayo, me sentía completamente muy a gusto y en paz. He ido allá tres veces, mi esposa ha servido allá y nuestra hija mayor ha servido también cinco veces. Nos sentimos como si esta fuera nuestra segunda casa. Es sorprendente la manera en que uno va allá con una idea de lo que va a ocurrir. Algunas cosas sí pasan, pero frecuentemente no suceden así.

Cuando vamos al Perú, hacemos lo que Avis necesita. Ella es como una madre. Y si intento agradecerle o alabarla por las cosas maravillosas que ha hecho, dice: "no soy yo, es Dios". Trato de decirle que sin sus pies en la tierra, Dios no podría hacer Su obra. Pero cada vez, ella me recuerda: "no te olvides, no soy yo, es Dios".

Podría seguir durante horas contando sobre cómo los viajes misioneros han cambiado a mi familia, mis hijas, mi vida y nuestra relación. El haber conocido a Avis y haber visto el trabajo allí, todos nos hemos dado cuenta que la vida es más que marcar tu hora de llegada al trabajo o tener una vida estructurada.

Ya sea que esté en Canadá o en el campo en Perú, Avis nunca nos presiona. Ella no nos dicta órdenes. Solamente nos hace saber la necesidad y pregunta si puede contar con nuestro apoyo. "Si pueden dar, sería maravilloso", dice. Y si no puedes dar, ella te ama de todos modos.

Soy un oficial de la policía, Así que he visto muchas cosas. Hace diez años, yo nunca hubiera orado por alguien que me ofendiera. Ahora, no solamente hago eso, sino que he pasado esa enseñanza a mis hijas para que la practiquen. Yo creo que ambas hijas son mejores por conocer a Avis y su asombrosa relación con Dios.

Después de todo lo que Dios ha hecho por mí, devolver es lo mínimo que puedo hacer.

Capítulo 21

De Cuatro a Nueve

Pregúntale a cualquier buena madre cuál es su hijo favorito y ella te dirá, "todos lo son".

En la 'Casa de Paz', todos nuestros niños son nuestros favoritos. Todos tienen cualidades que los hacen preciosos. Pero entre más se quedan con nosotros, más los amamos y cuánto más los extrañamos cuando se van.

Para nuestro personal, la adopción de un niño o un grupo de hermanos es por un lado algo feliz y por otro lado es triste. Siempre nos alegramos por la adopción de los niños. Y siempre estamos un poco tristes por nosotros, porque la adopción generalmente significa perder contacto con quienes se han convertido en parte de nuestras vidas.

No hace mucho, la atmósfera en la 'Casa de Paz' revoloteaba con rumores y emoción. Durante casi dos años, una familia de Blue Springs, Missouri, estuvo tratando de adoptar a un grupo de cinco hermanitos. Y por casi dos años, las posibilidades de que eso sucediera subían y bajaban. El juez aprobaba la adopción, después decía que no. Que ya no. Hubo un gran problema. No, fue así.

En medio de todo, seguíamos orando por la familia y los

niños: Yhonson, Gerson, Betsi, Joel y Sibila. Las personas en los Estados Unidos también estaban orando. Y al fin, parecía que Dios estaba diciendo finalmente que Sí.

No podíamos evitar el regresar a aquel tiempo hace casi siete años cuando esta pequeña familia llegó después de la orden de la Corte. La menor Sibila, ni siquiera tenía dos años, y el mayor Yhonson tenía diez años. Venían de un pueblito en las montañas. Los familiares intentaron evitar que los recogiéramos, pero ninguno tenía el tiempo ni el dinero para cuidarlos a los cinco. Así que nuestra familia de la *'Casa de Paz'* los recibió con gozo.

Como diez meses después de la llegada de los hermanos, el Orfanato tuvo una epidemia de tuberculosis. Los doctores en la admisión nos dijeron que esta pequeña familia estaba libre de la enfermedad, pero se equivocaron. Después del diagnóstico, Gerson, quien tenía entonces siete años, estuvo internado dos semanas en el Hospital para recibir el tratamiento y todos sus hermanitos resultaron con TB positiva. Para cumplir con la ley peruana, los teníamos que llevar al Centro para que tomaran su medicina bajo la atenta mirada de un doctor. Y con frecuencia teníamos que hacer el viaje de dos horas hasta Trujillo para que una Clínica los examinara allí. Pero con la ayuda de Dios, la buena medicina y mucho cariño y cuidado amoroso, todos sobrevivimos.

Al pasar los meses y luego los años, más y más personas llegaron a amar a estos niños. Yhonson sobresalía en la Escuela casi en todas las áreas. Se destacaba académica y deportivamente. Acostumbrado a cuidar a sus hermanitos menores, servía como su modelo en la Escuela y en la Casa. Todos lo querían, y él disfrutaba más que renegar de su papel como líder.

Gerson, el segundo de los hermanos, tenía una personalidad igualmente dulce. Nos preocupábamos porque tenía dificultad para caminar. Los músculos de sus pantorrillas estaban muy tensos y le causaban mucho dolor. Lo llevamos de doctor en doctor y de análisis tras análisis ¿Su diagnóstico? *"Es psicológico".* Para los doctores "expertos", el problema estaba en su cabeza.

Yo conocía a Gerson tan bien como para creer que esto fuera verdad. Lo miraba batallar para jugar fútbol y correr con los demás niños. Él nunca se dio por vencido o admitió que algo estaba mal. Yo lo miraba aguantarse las lágrimas cuando sus piernas no hacían los que él quería ¿Cosa de su cabeza? No lo creía. Pero esto nos dio otra razón para seguir orando por la adopción. Tal vez los doctores en los Estados Unidos encontrarían la respuesta correcta.

Betsi, Joel y Sibila también podrían aprovechar muchas de las ventajas en los Estados Unidos de América. Nos hubiera gustado tenerlos en Perú, pero no podíamos cambiar nuestros deseos y nuestras oraciones por estos niños ¿Qué haría Dios?

En la primavera del 2012, cuando parecía que la adopción estaba en progreso, la Corte nos dijo que todavía necesitábamos actas de nacimiento para dos de los niños. Para obtenerlas, teníamos que viajar a la aldea en la montaña en donde ellos nacieron. Después de un fallido comienzo, Gina (la directora del Orfanato) y yo salimos a una verdadera aventura.

Primero, tomamos el autobús a Trujillo, un viaje a dos horas de distancia. De allí, tomamos otro autobús que viajó toda la noche. Durante las primeras cuatro horas, serpenteó por el pavimento, pero por las siguientes cuatro horas, el chofer navegó por una carretera angosta de tierra a lo alto de las montañas. Cuando el autobús nos dejó en un pueblito de la montaña poco antes del amanecer, ya sabíamos lo que teníamos que hacer. Aquellos que habían hecho este viaje anteriormente nos dijeron que podríamos alquilar un automóvil privado para que nos llevara a un lugar donde podríamos alquilar mulas para el trecho final de nuestra jornada de cuatro horas más. Estábamos exhaustas, pero no habíamos llegado hasta allí tan lejos para regresar sin los documentos que necesitábamos.

Pero primero, olimos café. Lo seguimos hasta un local pequeño de madera en donde una señora nos ofreció pan hecho en casa. También nos podía cocinar unos huevos si queríamos. Así que allí estábamos, tratando de retomar fuerzas para descifrar nuestro siguiente paso.

Un rato después, caminamos por las calles, buscando a alguien que nos ayudara. Gina seguía preguntándole a la gente acerca de quién nos podría alquilar su automóvil, y todos nos decían que pidiéramos una "jaladita" a los trabajadores de la mina para que nos llevaran. Claro que la "jaladita" significaba pagarles dinero para que nos llevaran hasta allá.

No demoramos mucho en encontrar a alguien que nos llevara, pero la hora de salida era las 2:00 A.M. Encontramos un hotelito donde, exhaustas, nos acostamos con nuestra ropa puesta. Nos levantamos en medio de la noche y cruzamos la placita para esperar el camión que sería nuestro taxi. Mientras que esperábamos, la mujer que nos encontró el "taxi" nos escuchó hablar. Cuando supo porqué necesitábamos las actas de nacimiento, nos dijo, "yo tengo unos amigos allá que son profesores. Ellos vienen una vez al mes, y en tres días les toca venir". Hizo una pausa. "Yo podría enviarles un mensaje para que traigan las actas de nacimiento. ¿Por qué no se ahorran el viaje?"

Sonaba una locura. Ya teníamos el viaje arreglado, y aun si ella pudiera arreglar para que nos trajeran los documentos, tendríamos que esperarlos. Pero al llegar nuestro "taxi" a la plaza, Dios me habló a mi espíritu: *No te subas en la camioneta.*

Así que no lo hicimos. Después de decirle al chofer el cambio de planes, dio un portazo en nuestra cara y salió de nuevo a la carretera. Cruzamos la plaza y regresamos de nuevo a nuestras camas en el motel.

¿Hicimos lo correcto? Nos preguntábamos en la mañana. Pero dos días después, cuando los maestros vinieron con las actas de nacimiento de los niños, nos regocijamos muchísimo.

El dinero que pagamos por el servicio de entrega fue menos que lo que hubiéramos gastado para el resto del viaje. Y ahora, solo nos quedaba tomar dos autobuses más para regresar al Orfanato.

He tenido muchas experiencias como estas en los años que he estado en Perú, hubo ocasiones cuando no sabía a dónde ir o qué hacer, y Dios ponía la persona exacta frente a mí en el tiempo justo y preciso. A veces, tomaba alguna decisión que parecía no tener sentido solo porque Dios me había dicho que lo hiciera. Otras veces, cuando algo parecía imposible, Dios lo hacía posible.

Ahora, la tarea imposible era finiquitar la adopción de los niños. En ese tiempo, Kevin Guier, un voluntario a largo plazo, estaba aquí trabajando. Al igual que los Sterlings, su familia vivía en Blue Springs, Missouri. De hecho, sus padres habían adoptado a dos chicas del Orfanato el año pasado. Kevin se encargó de ser el intermediario de esta nueva adopción. Varias autoridades gubernamentales del Perú le dijeron que era algo imposible al menos una docena de veces.

Además de los obstáculos normales, Scott y Lauren Sterling tenían un problema especial: La edad de Lauren. La ley peruana requiere que la madre adoptiva sea al menos dieciocho años mayor que los niños adoptados. Aunque Lauren era madrastra de Logan la hija joven de Scott, y mamá de su hija biológica, Laney, no cumplía el requisito exigido. Más de una vez les dijeron a los Sterlings que harían una excepción. Y más de una vez los oficiales cambiaban de opinión.

Los meses pasaron. Los Sterlings persistieron en cada obstáculo. Ahora llamaban vía Skype con "sus" hijos, quienes ya los llamaban Mamá y Papá, una o dos veces por semana. También tenían dos abogados en Lima trabajando para ellos. Cada vez que la Corte desaprobaba la adopción, los abogados regresaban y entregaban documentación para revocar la decisión.

Ellos estaban dispuestos a pelear a favor de sus clientes y

por el derecho de los niños de tener la vida y la familia que tanto necesitaban.

Para finales de noviembre de 2012 cerca del día de *'Acción de Gracias'*, y después de dos años de una espera tan emocional y agrietada, los Sterlings recibieron la llamada. Ya podían viajar al Perú para finiquitar la adopción. "Todo está listo", dijo el coordinador. Pueden venir ahora si así lo desean, o pueden esperar hasta el día primero del año. Avísenos cuando ustedes compren sus boletos de avión.

Consternados por toda la espera, decidieron completar su familia de inmediato. Scott, Lauren y Laney (Logan no podía dejar sus clases de la Universidad) salieron de los Estados Unidos en noviembre 25, sabiendo que el proceso todavía podría demorar más. Arribaron a Lima a la medianoche y después de cuatro horas de dormir, se reunieron con los abogados en una reunión matutina. La familia voló hacia Trujillo ese mismo día por la tarde y luego, tomaron dos taxis para llegar a la *'Casa de Paz'* y ver a sus tan esperados hijos.

Salí para los Estados Unidos para algunos tratamientos médicos necesarios a principios del mes, así que me perdí este paso final de la adopción. Pero cuando regresé, me dieron el informe completo. Dijeron que la mamá era muy joven y que el papá muy guapo. Los niños peruanos se enamoraron de su nueva familia. Juntos, pasaron el tiempo jugando, y les enseñaron su Escuela y sus actividades, y compraron ropa nueva (algo raro en nuestro mundo de ropa de segunda) para toda la familia.

Solo unos pocos días después de que los Sterling llegaron, la *'Casa de Paz'* les hizo a los cinco niños una enorme fiesta de despedida. Entre lágrimas, oraciones y buenos deseos, los recientemente nuevos Sterlings le dijeron adiós a la gente y al lugar que los había alojado durante siete años y dieron la bienvenida al fin a la vida con una familia permanente y para siempre.

Sacada del polvo:
Historia de Lauren Sterling

No podíamos creer que teníamos la oportunidad de salir en el popular programa de televisión "The View" en febrero de 2013. Pero son más los detalles de nuestra historia de adopción que lo que pudimos decir allí.

Todo comenzó por medio de nuestra iglesia Gateway, la cual hace mucho énfasis en la adopción y en el acogimiento familiar. Muchas familias han adoptado, incluyendo a Kelly y Lisa Guier, quienes adoptaron a dos hermanas de la 'Casa de Paz', hacía ya como un año antes de nuestra adopción.

En enero de 2010, el hijo de los Guiers, Kevin, quien servía en la 'Casa de Paz' como voluntario, les envió un correo electrónico a varias de las parejas en nuestra iglesia. "Necesitamos una Mami y un Papi", empezaba, seguido de una pequeña explicación y una foto de cada niño.

Mi esposo, Scott y yo vimos la carta y pensamos: "¡Vaya! Estos niños son hermosos. ¡Alguien debería adoptarlos!" En ese tiempo, teníamos a una niña de un año, Laney, y una jovencita de dieciséis, Logan, la hija de Scott de un matrimonio anterior. No pensamos mucho en el correo electrónico.

Pero para el mes de marzo, me sentía inquieta, queriendo que mi fe creciera. Esperando el ser parte de algo más grande, me uní a un grupo de amigas en un viaje misionero a un Orfanato en Guatemala. Había cerrado mi corazón a la adopción, pero después de pasar una semana con más de ciento veinte niños, algo cambió.

Aquel no fue un viaje misionero en el que me rejuvenecí, sino que, me desmoroné. Seguía pensando: "Mi niña está en casa con un millón de gente que la quiere cuidar mientras que estoy ausente, y algunos de estos niños nunca tendrán una familia". No sabía qué hacer con lo que vi.

Luego, me fui de vacaciones con mis padres y leí un libro llamado: La Fe Temeraria. El autor hablaba de que Dios a veces nos pide hacer cosas sin sentido. Alguien mencionó el tema del correo electrónico de los cinco niños, y antes que me diera cuenta, mis amigas y yo hablábamos acerca de cómo algunas podríamos adoptar a las niñas y otras a los niños.

Scott se echó a reír, pero no actuó como si yo estuviera loca – no del todo. Yo no sabía cómo podría funcionar, pero estos niños se quedaron en mi mente y en mi corazón.

Entonces, estábamos tomando la gran decisión de comprar o no una mini-van, de las que nunca antes habíamos tenido. Yo no quería limitar el tamaño de la familia por el tamaño de nuestros vehículos. Y yo tampoco quería separar a esos cinco niños.

Ellos necesitan una familia, pensé. Debo saber si esa familia somos nosotros.

Cuando Logan, nuestra joven, nos escuchó hablar acerca de la posibilidad de adopción, sus primeras palabras fueron: "¿Hablas en serio?" Pero en medio de la adoración un día, se acercó a mí tan apasionada. "Lauren", me dijo. "Creo que debemos hacer esto".

Por supuesto que eso me hizo llorar. Yo había enviado un mensaje en Facebook a la mamá de Kevin, Lisa, temprano al iniciar ese día diciéndole, "Esto es una locura, pero ¿estarías dispuesta para reunirte conmigo antes de ir a la iglesia? Quiero conversar algunas cosas contigo". Terminamos reuniéndonos ese mismo día, y yo tenía algunas preguntas. Claro, Kevin estaba enamorado de los niños, pero, ¿Por qué los Estados Unidos de América? ¿Es América la respuesta, o solo necesitan apoyo económico? ¿Será la mejor opción, sacarlos del Perú? Yo sabía que Lisa me lo diría sin rodeos.

Pero, primero ella también lloró. Ella los amaba tanto como Kevin. Su opinión sobre la situación era que las oportunidades eran limitadas. No, Norteamérica no es la respuesta para todos y hay quienes tienen buenas vidas en otros lugares. Pero las oportunidades para que estos niños fueran lo que ellos querían, no existían en Perú. Los mayores llegarían a la edad universitaria pronto, pero, ¿podrían ir? Y uno de los niños necesitaba atención médica especial. El personal del Orfanato había hecho lo que podía para ayudar, pero él necesitaba más.

El domingo de Pascua, fuimos a la iglesia, y como de costumbre, no podía dejar de pensar en los niños. "La Resurrección se trata de una nueva vida", le dije a Scott, recordándole su promesa de orar acerca de la adopción. Yo quería una respuesta inmediata tal como, "¡Sí, hagámoslo!" Lo que él me dio fue algo más típico: el silencio, pero más tarde, ese mismo día, mientras que estábamos en casa de sus padres para el almuerzo de Pascua, se quedó mirándome y me dijo: "Está bien, estoy dispuesto".

Esa respuesta vino porque él había luchado con Dios durante el servicio. "Yo seguía preguntando, ¿Adoptarlos? y ¿Qué acerca del dinero? y ¿Qué acerca de la casa? y los niños ¿Querrán la adopción?" me dijo después Scott. "Fue como si Dios hubiera abierto el intercomunicador y hubiera dicho: 'Yo no te pregunté acerca del dinero, la casa, o los niños y su respuesta. Te pregunté si estabas dispuesto.'"

Scott lo estaba. Y yo también. Y así fue.

Durante esa semana, le pedimos a Kevin que se acercara a Yhonson y viera lo que él pensaba acerca de nuestra idea. Antes de que Kevin terminara, Yhonson dijo: "¡Sí!, ¡quiero una familia!

Uno por uno, mientras Yhonson les preguntaba a sus hermanos y hermanas, todos consintieron. Kevin envió un correo electrónico para hacérnoslo saber, "Sí, ellos los quieren a ustedes". Fuimos a desayunar ese día y solo nos quedamos allí llorando. ¡Nos eligieron también! Eso es realmente algo grandioso.

Las Actualizaciones de la Pre Publicación

Durante la aparición de los Sterlings en *"The View"* (6 de febrero de 2013), el presidente de la Universidad Avila en Kansas City, Missouri, los sorprendió con $500,000 en becas para sus siete hijos. También recibieron una lavadora y una secadora nuevas y otros regalos para hacer su transición de una familia de cuatro a una de nueve más fácil. Los Sterlings y su jornada de adopción también aparecieron en un documental de la televisión nacional peruana.

La familia Sterling ahora ha hecho la transición de nueve a diez con el nacimiento de Cruz Daniel Sterling el 28 de mayo de 2014, ¡Felicitaciones!

La familia Sterling, comparte su historia de la adopción en ABC, y se encuentran videos en YouTube: http://youtu.be/9BruFzYozKs.

CAPÍTULO 22

El Poder de las Mujeres

Desde que Dios nos guió a plantar nuestro Ministerio en Pacasmayo, Él me ha dirigido a pasar la mayor parte de mi tiempo aquí en Perú. He estado tan ocupada con la Iglesia, la Escuela y el Orfanato que no he ministrado en otro lugar. Pasaré a viajar y a predicar más otra vez, a menudo en los Estados Unidos.

Mientras que esté en Perú, planeo pasar más tiempo expandiendo el Ministerio a las mujeres de este país. Alguien tiene que ser la voz para alcanzarlas.

Algunas de estas mujeres viven en chozas a lo largo del Amazonas. Otras viven en aldeas pequeñas tan alto en las montañas que nadie sabe que están allí. Y por supuesto, otras todavía hacen sus casas de cartón y bloques de ladrillos viejos, aquí en Las Palmeras, la comunidad fue construida sobre el basurero. Alguien tiene que llegar a estas mujeres para decirles que Jesús las ama y que ellas le importan a Él. Y eso es lo que trato de hacer con el Estudio Bíblico que tengo cuando estoy en Perú. De hecho, Las Palmeras, alberga uno de mis más preciados lugares del Ministerio.

Al principio, cuando comencé mi trabajo aquí, no sabía en

absoluto nada del idioma. Hasta el día de hoy, a causa de mi dislexia, no lo hablo ni lo entiendo bien. Me hago entender con una mezcla de oración, del lenguaje con señas, de mi español fragmentado, y con la ayuda de otras personas que saben un poco de inglés. Pero yo creo que nosotros los que tenemos tanto de Dios, tenemos la responsabilidad de compartir con estas mujeres quienes tienen tan poquito. Y a la vez, ellas comparten con nosotros, pero Él es el único y verdadero Dador.

Él usó mis años de crecimiento para enseñarme muchas lecciones importantes, y una de ellas es que el dinero no determina quién eres. El comprender esto me ayudó a pasar de sentirme insignificante a conocer mi verdadero valor. Dios, no el hombre, es mi Proveedor. Eso es lo que quiero que estas mujeres sepan. Les digo: "solo por el hecho de que no tengan dinero, no significa que están en la ruina. Ustedes pueden esperar, soñar, pensar y sentir. Tienen todas las posibilidades. Y es en el Señor, que siempre tienen la esperanza".

La esperanza es lo que traemos con nosotros cada semana al salir de la *'Casa de Paz'* al dirigir un Estudio Bíblico de mujeres a dos o tres kilómetros de distancia al otro extremo de Las Palmeras. Mientras que nos reunimos en una casa, una voluntaria y una o dos chicas del Orfanato cuidan al otro lado el Club de Niños.

Nuestro Club de Niños consiste de un sencillo programa Bíblico con una historia, una manualidad y un refrigerio muy esperado. En cuanto ven llegar a la combi, los niños corren de todo el vecindario de los alrededores para unirse con nosotros. A veces, hemos tenido sesenta o más niños que nos frecuentan. Un grupo más pequeño de mujeres (entre ocho y doce) se reúnen en la casa de Flor para el Estudio Bíblico. Su casa es como la mayoría de las casas en Las Palmeras, con el piso de tierra compactada, paredes de cartón y esteras tejidas de bambú y una sola bombilla de luz en medio del cuarto colgando por encima.

Un plástico pegado al techo añade una capa de protección, y pedazos de plástico o esteras cuelgan para hacer las divisiones para las habitaciones improvisadas. Pero para mí, esta es la casa de mi querida amiga.

Llenamos de asientos de plástico su pequeña sala y estudiamos un libro cristiano juntas. Flor lee el capítulo en voz alta en español. Luego, nos detenemos en cada párrafo para analizar lo que hemos leído.

Yo soy la líder del Estudio Bíblico, pero Flor lo dirige cuando yo no puedo asistir. Nuestro tiempo al estar reunidas es sencillo pero especial. Desde que comenzó a reunirse este grupo, he visto un cambio en las mujeres. Son más fuertes, caminan garbosas y parecen pensar mejor de sí mismas. Son más amables las unas con las otras y con sus maridos. Algunas han dado grandes pasos como el bautismo. Pero casi todas siguen viniendo a nuestro Estudio Bíblico. Yo les digo: "¡El Poder de las mujeres!" Ellas saben a qué me refiero, a la potencia que encontramos en Cristo. Su Gracia es todo-suficiente, y Él nos da el poder para seguir aun cuando las cosas y los tiempos son difíciles.

Las mujeres de Las Palmeras son una parte especial de mi vida. En mis años en Perú, he tenido el privilegio de ministrar a más de un grupo de mujeres aquí y verlas crecer en el Señor. Las actuales estudiantes de la Biblia representan una nueva generación que se asentó allí solo hace un par de años, aunque a Flor la conozco desde hace muchos años, más que el resto de las otras mujeres.

Cuando puedo, me gusta que estas amigas me acompañen a otras actividades además del Estudio Bíblico. Decidí llevar no hace mucho, a tantas como pudiera al Centro Comercial de Trujillo. Muchas de las mujeres nunca habían estado en un lugar como este antes, estaban tan entusiasmadas que hablaban del viaje con antelación durante varias semanas. Ir al Centro Comercial ya sea en carro o en autobús, es un viaje que queda a unas dos horas de distancia. Pero por la experiencia, la distancia es mucho mayor.

Subir por la escalera eléctrica fue una de las primeras experiencias nuevas del grupo viajero. Para llegar a la sección de utensilios de cocina para el hogar en la tienda, mis hermanas en Cristo, tuvieron que treparse con temor en los escalones movedizos. "¡Mira esas ollas y esos sartenes!" Exclamaban tocando el metal brilloso. Les encantó todo acerca de nuestro viaje, y yo disfruté ver con sus nuevos ojos algo familiar.

Luego, almorzamos en el patio de comidas, otra nueva aventura. Las mujeres metieron los vasos de café de papel en sus bolsas para usarlos otra vez. No pensé en explicarles que la gente solo los tira a la basura. Y todas disfrutamos el plato de pollo y papas fritas, un plato común en los restaurantes.

Gracias a algunas generosas donaciones, tuve lo suficiente para darle a cada una de mis amigas cien soles (unos cuarenta dólares) para que compraran. Aunque disfrutaron mirando los artículos en las tiendas, todo lo que compraron al final fueron comestibles. Estas sabias administradoras llevaron la comida a su casa y guardaron el resto del dinero. Pero un presupuesto ajustado no impidió que estas mujeres se divirtieran. Mientras almorzábamos, hablábamos, reíamos y cantábamos juntas. Se podría decir que nos reímos por todo el Centro Comercial. En nuestro camino de regreso a Pacasmayo esa tarde, le agradecí a Dios por el bonito día que nos dio y por hacerme recordar el saber apreciar el gozo en las pequeñas cosas.

Me encantaría ofrecerles más oportunidades a las mujeres de esta comunidad. De hecho, en la casa de Flor tenemos un experimento. Hace algunos años, 'Go Ye Ministries' invirtió algo de nuestro dinero para ayudarle a establecer una pequeña tiendita en su hogar. Le explicamos acerca de la ganancia y la perdida y de cómo al principio ella tenía que reinvertir la mayor parte de su ganancia para incrementar su stock de mercancía.

Ahora, su tienda ha crecido, y aunque todavía está en su casa, ofrece muchos más productos a la venta que cuando comenzó. También su esposo lleva algunas de las cosas que ella hace para venderlas en el centro de Pacasmayo.

Me encanta ver a Flor y a las demás, madurar de semana a semana y de mes a mes a medida que Dios obra en sus vidas. Como ven, estas mujeres no son tan diferentes de ti y de mí. Ellas aman al Señor, aman a sus familias y les gusta divertirse juntas. Cada una ha cambiado por causa de Jesús. Tal vez vivan en medio del polvo, sobre el antiguo basurero en la parte superior del relleno sanitario, pero mientras que se acercan más a Dios para conocerle, Él las está llevando a Su buen plan para sus vidas.

Sacada del polvo: La historia de Isabel

He aprendido mucho, así que doy mucho. La hermana Avis es más que una maestra. Es un gran ejemplo para mí también. Ella me predicó la verdad acerca de Jesús, y ahora yo les hablo a mis amigas que no son cristianas. Les hablo de cuán grande es Dios. Ellas me recuerdan cuando yo no era cristiana, que decía malas palabras y la pasaba siempre asustada. Pero ahora, estoy sonriendo y feliz, y tengo la paz de Dios. Puedo vivir mi vida "un día a la vez", como la canción que cantamos cuando nos reunimos.

Mis amigas cercanas quienes vienen conmigo al Estudio Bíblico, todas tenemos diferentes problemas. Pero nos reímos y vivimos el día de hoy y así cada día. No pensamos en el pasado ni nos preocupamos por el futuro.

Me gusta ministrar en la cárcel de mujeres en Trujillo. Las mujeres de allí me dicen, "Isabel, por favor ¡Visítanos!" Así que voy a predicarles siempre que pueda. Una de las mujeres a quien dirigí a Cristo me pidió que orara por ella antes de ir al juez [para una audiencia de libertad condicional]. *Había sido sentenciada a veinte años. Así que lo hice, y ella me dijo: "Estas barras no me aprisionan. Soy de veras libre. Así que no importa lo que decida el juez". Cuando tuvo su audiencia, el juez la dejó libre después de haber cumplido con solo seis años.*

"¿Qué vas a hacer cuando salgas?" Le pregunté.

"Voy a buscar una iglesia para mí y para mis hijos". Eso significó mucho para mí, el que Dios me usara para hacer una diferencia en la vida de esta mujer.

Ya no soy basura, soy nueva. Soy una mujer fuerte. Ya no tengo temor. Puedo trabajar, lo puedo hacer. Cualquiera que sea la situación, la puedo vencer porque sé que Dios es mi Fortaleza.

CAPÍTULO 23

Colaboradores en el Ministerio

Durante los últimos cinco años, siento que mi vida está cambiando otra vez. Es hora de un giro. Primeramente, Dios me ha traído a algunos colaboradores en el maravilloso Ministerio, Jake y Maggie Hiebert. Esta hermosa y joven pareja y sus hijos Karlita y Mateo, llegaron a nosotros de una pequeña iglesia en Drayton, Ontario. Jake vino primero a la *'Casa de Paz'* en uno de los viajes misioneros de la iglesia en la primavera de 2011. Al año siguiente, Maggie vino también. Ambos crecieron en México y sintieron que tal vez Dios les llamaba a servir aquí.

Jake tenía un buen trabajo en Ontario, en donde él planeaba construir una casa más bonita y más grande para su familia. Pero el obedecer a Dios fue más importante para los Hieberts que una casa hermosa. Una vez confirmado su llamado, las cosas se movieron rápido – o tan rápido como fuera posible, porque hay obstáculos cuando la burocracia gubernamental está involucrada. Jake dejó su trabajo, vendieron su casa, y para el otoño de 2012, aterrizaron en Perú. Cuando llegaron, Maggie estaba embarazada de su tercer bebé y ella ya había decidido quedarse en su nuevo país para el alumbramiento.

El hecho de que escogiera tener a su bebé en Perú significó

mucho para las mujeres aquí. Y esta es una de las maneras en que esta familia ha encajado aquí. Jake es un gran ejemplo para los chicos, siempre está arreglando algo y haciendo cualquier cosa que se necesite para ayudar. Y todos aman a Maggie y a sus hijos (incluyendo a la bebé Tahlia). Han encajado mucho mejor de lo que me imaginé, y aman a la gente aquí de la misma manera que yo. Me siento más confiada ahora cuando me voy a los EE.UU., sabiendo cuanto les importa y cuanto les gusta ayudar.

Aunque todavía soy parte de la directiva, he dejado el cargo de jefe de *'Go Ye Ministries'* para dejar que Jake se haga cargo. De esa manera, cuando estoy en los Estados Unidos hablando y compartiendo acerca de nuestro Ministerio, él tendrá la libertad de tomar decisiones para hacer que las cosas sigan adelante.

No podríamos sobrevivir en *'Go Ye'* sin nuestros voluntarios, algunos a corto y otros a largo plazo. Ustedes, ya han leído algunas de sus historias, y yo quiero contarles acerca de algunos que han servido aquí en el pasado reciente.

Bruce Goulding, un canadiense, llegó a nosotros de una manera verdaderamente asombrosa. Durante muchos años, él tenía la idea de que algún día serviría a los niños en el extranjero. "Cuando se iba a descansar en la noche, siempre pensaba en aquellos niños de las calles", dijo él. "Uno de los mejores regalos que puedes dar a los niños es la seguridad".

Durante muchos años, Bruce estaba ocupado haciendo su vida. Como plomero industrial, él mantuvo el sueño en su corazón de que algún día él cumpliría algún tipo de misión. Solamente que él no sabía cuándo ni dónde.

La respuesta le llegó un día cuando estaba viendo el popular programa de televisión con base en Ontario *100 Huntley Street*. Para ese tiempo, Bruce se había jubilado de su trabajo y estaba listo para ir adondequiera que Dios lo guiara. "Yo sabía que me iría durante el verano, pero no sabía cuándo, cómo o dónde. Estaba buscando un punto de salida para descifrar cómo funcionaría todo" explicó. "Un día, te vi en el programa hablando acerca del Orfanato que tenías en Perú. Te envié un correo electrónico y comenzamos a comunicarnos".

Pronto, Bruce estaba en el campo en la *'Casa de Paz'*. Él me vio en el programa en mayo de 2010, y se unió a nosotros en la *'Casa de Paz'* en el mes de julio. "El Espíritu era tan fuerte en cuanto llegué a Perú", me dijo. "Durante todo el camino a Pacasmayo, tenía lágrimas rodando por mi rostro. No había duda en mi mente que lo que estaba haciendo era lo correcto.

Bruce se hospedó en uno de los apartamentos para voluntarios en la *'Casa de Paz'* hasta finales de octubre, el tiempo suficiente para que los niños capturaran su corazón. Se fue a su casa en Saskatchewan únicamente por dos semanas y luego regresó a Perú por cuatro meses. Después, regresó a Canadá y vendió muchas de sus posesiones para que pudiera estar aquí a largo plazo. Hoy en día, él sirve cerca de aquí en Trujillo, pero se quedó con nosotros de forma intermitente por casi tres años.

Durante su tiempo en *'Go Ye Ministries'*, Bruce hizo toda clase de cosas. Preveía la seguridad, vigilando para asegurarse de que nuestros niños estuvieran seguros y a salvo y evitar el ingreso de potenciales intrusos. Él podía (y lo hacía) arreglar casi cualquier cosa, desde ayudar a poner puertas nuevas hasta acarrear agua para nosotros y hacía más cosas. Durante un tiempo, hasta enseñó inglés en la Escuela *'Generación de Líderes'*.

Pero para Bruce, el aspecto más importante de su trabajo aquí eran su Ministerio con los niños.

"Todo lo que les pasa a estos niños, me pasa a mí también", decía él. Le encantaba verlos sonreír y los protegía con mucha determinación. "Los niños pueden seguir cualquier camino", decía. "Si podemos enseñarles que ellos pueden tomar sus propias decisiones, y nos aseguramos que se den cuenta que tienen tanto valor como cualquier otro ser humano, comenzaran a pensar de esa manera.

Pero lo mejor de tener aquí a Bruce, fue el hecho de que él amaba tanto a los niños como yo. "Si hay una amenaza que encontremos en la Biblia", decía, "tiene que ver con el ofender a los niños – uno de estos pequeñitos. Son joyas en la corona del Salvador". Bruce todavía viene a visitarlos a menudo.

Mandy Kauer de Wisconsin fue otra voluntaria a largo plazo quien nos bendijo durante casi dos años con su sonrisa, su arduo trabajo y su amor para con los niños. Ella es una profesora de educación especial quien sirvió primero en la *'Casa de Paz'* como parte de una pasantía de sus prácticas para su grado del Instituto Bíblico Moody. Después que se graduó, le envié un correo electrónico acerca de la posibilidad de regresar a enseñar el inglés.

"Hace un par de años, casi abandoné mis estudios para ir allá", dijo Mandy. "Así que ahora que ya terminé, yo le dije a Dios, 'aquí está mi título, aquí está mi tiempo' – Simplemente se lo dediqué a Él. Y Él abrió las puertas de par en par para que yo regresara".

Mientras que ella estuvo aquí, Mandy mostró su dedicación hacia Dios y los niños. Sin importar lo que le pidiéramos hacer, ella aceptaba el reto. Durante cierto tiempo, ella estaba enseñando inglés en la Escuela durante el día y sirviendo como madre sustituta por las noches. Varias de las madres sustitutas peruanas trabajan para nuestros niños, pero necesitan su descanso por la noche. Así que voluntarios como Mandy, vienen, cocinan la cena, ayudan con las tareas, supervisan las duchas y llevan a los niños a dormir a tiempo.

Mandy también despertaba y alistaba a los niños para que fueran a la Escuela en las mañanas antes de regresar a su apartamento para descansar por unas horas. Luego, caminaba para ir a enseñar inglés en nuestra Escuela. Era un horario loco, especialmente cuando el juez nos envió un bebé con daño cerebral quien terminó en la casa que Mandy atendía. Fue mamá de Casa para doce a catorce niños la mayor parte del tiempo en que ella estuvo aquí.

Mandy también ayudó a comenzar el Club de niños que hacemos junto con el Estudio Bíblico de mujeres en Las Palmeras. "Todo lo hace el Señor", decía. "Hicimos allá una fiesta de Navidad hace un par de años en la que repartimos regalos. Después de eso, en enero o febrero, decidimos intentar hacer un Club de Niños. Nos emocionamos por las posibilidades y pasamos mucho tiempo orando y preparándonos".

"La primera vez que lo hicimos, dos niños llegaron, no podíamos creerlo: ¡Todo ese trabajo y dos niños! Pero a la siguiente semana, algunos más vinieron, y pronto, los niños venían de todas partes. Es una comunidad de paso, pero cuando algunas familias se mudaban, teníamos a nuevos niños para tomar sus lugares."

La primera o segunda semana después de que comenzaron, Mandy planeó compartir el Evangelio con los niños en el Club de Niños. Pero luego, Dios le preguntó: ¿Te has asegurado de que todos en tu Casa *conozcan el Evangelio?*

Esa noche, ella reunió a los chicos y les leyó un tratadito. Uno, que batallaba con la ira, dijo, "No, no. Yo no soy cristiano" y oró para recibir a Cristo. "Casi no lo podía creer", dijo Mandy.

Hoy, Mandy está de vuelta en Wisconsin trabajando como profesora de educación especial y preparándose para su matrimonio que se aproxima. Pero ella todavía tiene un corazón para las misiones y para los niños de la 'Casa de Paz'. Antes de irse, me dijo, "[como voluntaria aquí] a veces, me sentía sola y había mucho trabajo arduo, pero amo a estos niños. Siento que el Señor hace cosas extra especiales para ellos".

¿Querría el Señor que tú vinieras a ayudarnos en *'Go Ye Ministries'* ya sea como voluntario a corto o largo plazo? No lo sé. Pero desde el comienzo de mi vida aquí, yo he visto a nuestro Ministerio como un fundamento para que otras personas crezcan en sus vidas y para que formen sus propios ministerios. Así que no me molesta cuando la gente sirve por un tiempo y luego, siguen su camino. De hecho, eso es lo que espero. Dios me dijo hace mucho tiempo que nosotros seríamos una plataforma desde la cual otras personas podrían lanzarse.

Mientras que lees esto, si sientes al Señor moverte, te invito a venir aquí a mojarte los pies. Dios obrará en ti mientras que sirves a otros. Él te mostrará lo que sigue.

Y no tengas miedo de venir. Recuerda, yo tenía todas las razones que te puedas imaginar para quedarme en casa. Algunas de mis discapacidades impidieron que trabajara en los Estados Unidos, pero también me liberaron para servir aquí. Como tú, he pasado por tiempos difíciles y duras experiencias. He tomado decisiones que lamento y otras que no lamento ni me arrepiento en absoluto.

He aprendido que cada experiencia –las buenas y las malas– es una joya que puedo ofrecerle al Señor. Y Dios tomará las joyas en tu vida y las usara en Su plan para ti. Como escribí antes, no malgastes tu dolor – pero tampoco te quedes encerrado en él.

Esa niñita de hace mucho tiempo que se mudaba de lugar en lugar, quien sufrió lo indecible pero que siguió amando a su familia sin importar lo que fuera, todavía vive dentro de mí. Y también es Jesús, mi fortaleza, y quien me capacita para hacer todas las cosas.

Pero no soy la única. No soy la única guerrera herida peleando batallas del Reino. Y tampoco soy la única a quien Dios ha llamado o comisionado.

Si Él no te está llamando a Perú o a asociarte con *'Go Ye Ministries'*, lo entiendo. Nadie puede hacer caminar tu llamado sino tú. Solo permanece conectado con Él. De esa manera, no importa cómo o donde Él te use, ayudarás a traer a otros fuera del polvo – hacia una vida completamente nueva.

Sacado del polvo:
Historia de Kevin Guier

Conocí a Avis por primera vez durante las vacaciones de invierno de mi penúltimo año de la Universidad, cuando me senté junto a ella en un avión. Yo ya había ido al Perú en dos ocasiones con mi iglesia en Blue Springs, Missouri. En esa ocasión yo iba de regreso con un amigo durante la Navidad. Avis era muy graciosa y conversaba mucho. Me miró y me preguntó: "¿Eres misionero?"

"No sé si me podría llamar así, pero estoy en Perú para hacer el trabajo de misiones", le dije.

"¡Lo sabía! ¡Tienes pinta de misionero!"

Avis entonces comenzó a contarme todo acerca del Orfanato en Pacasmayo, dejándome con el pensamiento de que yo debía ir el próximo verano para enseñar el inglés en su Escuela. Durante los meses siguientes, oré mucho al respecto. Ese verano, uno de mis mejores amigos y yo nos fuimos. Trabajamos y enseñamos inglés por dos meses y medio.

Durante las primeras semanas, como lo planeamos, le ayudamos a la profesora de inglés que ya estaba allí. Pero tuvo que dejar el país de repente por un problema de salud de un familiar. Y así de pronto, estábamos a cargo de las clases de inglés. Enseñar no es mi fuerte, pero funcionó muy bien, fue una experiencia maravillosa.

Mientras que estábamos allí, me enamoré de la ciudad y de los niños de la 'Casa'. Casi todas las noches, nos íbamos a las casas de los niños a pasar un rato, a cenar, ayudarles con las tareas y a jugar hasta que ellos tuvieran que irse a dormir. También llevábamos a los niños a la playa o a diferentes restaurantes de comida rápida. Nos gustaba hacer cosas divertidas con ellos cada vez que tuviéramos la oportunidad.

Cuando regresé otra vez, fue durante las vacaciones de Navidad de mi último año de la Universidad. Llevé a mis padres, *y conocieron a las dos niñas a las que terminaron adoptando. Durante ese tiempo, hablé con Avis, diciéndole que yo quería regresar para ayudar con la parte administrativa del Ministerio.*

Regresé la semana después de que me gradué y me quedé durante casi tres años. Durante ese tiempo, mi trabajo cambiaba constantemente ya que me adaptaba a lo que más se necesitaba hacer.

Lo más inolvidable de mi tiempo allí fue la relación que construí con todos los niños. De hecho me convertí en una figura paterna para la mayoría de ellos. Eso hizo más difícil el que regresara a los Estados Unidos porque me sentía como si hubiera perdido a veinticinco niños.

En general, me sentí que crecí como persona mientras que estuve en la 'Casa de Paz'. Aun si vas solo por unos cuantos meses, no tengo las palabras suficientes para recomendarte esa experiencia de voluntariado. Siento que me cambió como persona en todos los aspectos de mi vida.

Epílogo: Go Ye

Han pasado casi dos años desde que Marti llegó a Perú por primera vez para comenzar el trabajo en nuestro libro, y mucho ha sucedido desde ese tiempo.

Si estás leyendo esto, eso significa que lo terminamos. Y si eso es cierto, yo pasaré más tiempo en Norte América contando lo que Jesús puede hacer por medio de un corazón dispuesto. Por medio de las ventas del libro: *'Sacada del Polvo'*, espero ganar los tan necesitados fondos para *'Go Ye Ministries'* y la *'Casa de Paz'*.

Como puedes leer en el libro, he buscado durante años a los colaboradores del Ministerio que sean idóneos, para que ellos continúen en lo que Dios me ha usado cuando comencé en Perú. ¡Alabado sea el Señor!, porque me envió a una pareja perfecta como Jake y Maggie Hiebert, cuya historia compartí en el Capítulo 23.

No hace mucho, Dios también nos envió a Tammy Dickens de Tennessee. Ella renunció a su trabajo de enfermera investigadora, se mudó a Pacasmayo como voluntaria de tiempo completo y enseña inglés en nuestra Escuela *'Generación de Líderes'*. También está ayudando a algunas de las mujeres a cumplir con nuestro anhelado sueño desde hace mucho tiempo con un negocio de confección, "Creando Esperanza". El negocio enseñará destrezas y proveerá de una mejor calidad de vida junto con la recaudación de los fondos para *'Go Ye'*. Puedes comprar vestidos confeccionados a mano, bolsos, carteras y pantuflas por medio de nuestra tienda en línea (ver la dirección al final de esta sección).

Dios continuó bendiciéndonos cuando envió a Juana y a Wayne Salley, también de Tennessee, para ayudar a establecer los compromisos para hablar y con una agenda de promoción para nuestro libro. Es una bendición el trabajar con personas que aman a Jesús.

Como hemos compartido a través del libro, nos encantaría que nos ayudaras en cualquier manera que Dios te dirija. Si te sientes dirigido a orar, dar o venir a servir junto con nosotros, por favor visita nuestra información de contacto al final de esta sección.

Una actualización sobre nuestros niños de CASA: Dos de nuestras chicas están asistiendo a la Universidad, y varias cumplirán dieciocho años dentro de un año, con futuros brillantes que se extiende delante de ellas. ¡Alabado sea Dios! ¡Qué bendición es el verlos crecer y continuar sirviéndole!

Sacada del Polvo está disponible en inglés con el título: *Out of the Dust* tanto en formato impreso como en libro electrónico. Mi deseo es compartir a Jesús en Norte y Sudamérica y por dondequiera que Él me guíe. Espero que nos conozcamos en el camino. Y si no es aquí, ¡Te veré en el Cielo!

Bendiciones,
Avis Goodhart
Pacasmayo, Perú

Información de Contacto:

Go Ye Ministries
P.O. Box 1034
Prairie Grove, AR 72753

Internet: http://goye-ministries.com

Avis: avisgoodhart@gmail.com
Jake: hiebert83@gmail.com

Medios Sociales Relacionados con Go Ye Ministries:

Tienda Virtual Creating Hope:
http://www.goyeministriescreatinghope.com/

Blog Heart of an Orphan:
www.hiebert5inperu.blogspot.com

Blog Steps on the Journey:
www.tdheartnurse.com

Facebook, En el nombre de Jesús Amen:
https://www.facebook.com/casadepazperu?ref=br_tf

Facebook, *Out of the Dust*:
www.facebook.com/outofthedustbook

Los Cincuenta Fieles: Así como se necesitan piedras para edificar un fundamento fuerte, *Go Ye Ministries* busca personas fieles que puedan donar $50, $100 o $150 mensual. Cada $50 representa una piedra para edificar nuestro fundamento con base firme y fuerte. ¿Cuántas piedras quiere Dios que te comprometas a dar? Para obtener más información, consulta el enlace de cincuenta fieles en Faithful Fifty link en nuestra página de internet.

ARRIBA: Un día en el parque, en diciembre de 1954, está la familia Miller: Los tiempos son buenos; tenemos en ese momento, una bonita casa. En la parte inferior de esta foto (de izquierda a derecha) Carol, George, Fred. En la parte superior (de izquierda a derecha) Avis, Art, Bob (Papá), Elsie (Mamá), Rada, y Bobby, que tenía quemaduras de tercer grado en sus piernas.

ABAJO: En el aeropuerto a principios del año 2001, está el equipo con cajas de zapatos y suministros médicos: Antes de 9/11; cada miembro del equipo tenía en todos nuestros viajes misioneros, dos grandes compartimientos con cajas de zapatos, medicinas, Biblias y otros materiales para la construcción.

ARRIBA: Los niños en espera de la medicina: Los niños de una clase del Jardín Infantil Local en Pacasmayo, vinieron con su profesor para obtener las vitaminas y las medicinas para las lombrices de los niños en uno de los viajes que hicimos a Pacasmayo, antes de empezar la construcción.

ABAJO: El Equipo Médico en el Amazonas con el tambor: Estamos saliendo de Iquitos a San Juan en el Amazonas, para hacer una Brigada Médica y compartirles las Buenas Nuevas. El hombre (centro) al ritmo del tambor para que los habitantes de las aldeas sepan que ya estamos llegando.

ARRIBA: el Doctor Kim en el Amazonas: el Dr. Kim atendiendo a la gente de San Juan, río abajo de Iquitos, Perú. Todas las casas las construyen sobre pilotes en el agua y llegan en canoa. Mucha gente aquí recibió a Jesús en su corazón.

ABAJO: Una casa flotante en el Amazonas: Algunas casas están construidas sobre grandes troncos unidos entre sí como una balsa. Se balancean hacia arriba y hacia abajo con las olas del río.

ARRIBA: Las hamacas están colgando en la cubierta de una *lancha* (la barca es propulsada de ruedas con paletas, giradas por un motor): En este viaje, llevamos tres días, río abajo desde Iquitos, en Perú, hasta Leticia, en Colombia. Fred presentó la película: *JESÚS* en la lancha.

ABAJO: La lancha nos llevó río abajo: Hay pequeños árboles de plátano en el techo que se están llevando para una plantación; varios toros en el piso inferior; y doscientas personas en la cubierta intermedia al aire libre, fue nuestra casa durante tres días. Uno de nuestros miembros del equipo está de pie en la parte delantera observando toda la acción.

ARRIBA: Una aldea amazónica: Fred y los hombres cavan un pozo. Es la época de sequía, se pueden ver los pilotes sobre los que se construyen las casas. Durante la temporada de lluvias las casas permanecen en el agua y la gente va de casa en casa en canoas.

DERECHA: Fred y los hombres cavando lo suficiente en el Amazonas: Fred cavó cinco pozos en diferentes sitios a lo largo del Amazonas. Es posible que crean que no sería necesario tener pozos aquí, pero no hay agua potable.

IZQUIERDA: Avis predicando en Manaos, Brasil; en agosto de 2001: Aquí, estoy hablando con la misma ropa que llevaba hacia cuatro días, porque no tenía visa brasileña y fui detenida al abordar mi vuelo en Miami. Tuve que esperar para entrar al país y llegué justo a tiempo para predicar.

ABAJO: Lorene y Fred cargando las cajas de zapatos: Lorene reunió miles de cajas de zapatos. Cada caja contenía un traje, ropa interior nueva, artículos para la higiene personal, juguetes, dulces, un libro para colorear de Jesús, y útiles escolares. Ella hacia caber en una caja más de lo que fuera posible, todo ello en buen estado, limpio y lleno de amor. Mientras llenaba cada caja, Lorene oraba por el niño que la fuera a recibir.

ARRIBA: Los niños con sus cajas de zapatos: estos niños de las montañas del Perú van caminando a sus casas con sus regalos, y su caja de zapatos.

ABAJO: Nuestra iglesia, Marcos 16:15: La iglesia fue el primer edificio que se construyó en Perú (2003). Durante los tres primeros años, yo fui la pastora, porque no había nadie más disponible. La iglesia comenzó con las treinta personas que se salvaron en la ceremonia de inauguración de la iglesia.

ARRIBA: Vista exterior de la '*Casa de Paz*': La *Casa de Paz* es tan grande como una manzana de la ciudad, por lo que es difícil obtener una imagen completa. Limpiamos afuera un lugar en el vertedero para construir.

ABAJO: Vista aérea de la '*Casa de Paz*': La *Casa de Paz* tomada de la parte superior del edificio de nuestra Escuela. Nuestro paisaje es lo único verde que se ve, en todo ese sitio de Las Palmeras.

ARRIBA: La '*Casa de Paz*'; los niños están jugando en frente de la Casa: ellos aprenden rápidamente que aquí se encuentran a salvo.

ABAJO: La '*Casa de Paz*', los niños montando en bicicleta: solo tenía cinco bicicletas para cuarenta niños, pero la pasaban muy bien.

ARRIBA: La Escuela '*Generación de Líderes*': Construimos la Escuela para satisfacer las necesidades educativas de nuestros niños. Aprenden conocimientos en informática, el inglés y además de otras materias escolares. Nuestro lema es: "*Aprender para cambiar el mundo*".

ABAJO: Están: Ron Mainse, Avis Goodhart, y Moira Brown en el set o estudio de 100 Huntley Street, el 3 de mayo de 2010.

ARRIBA: Tiempo con las chicas, Avis en la casa con las niñas: Las niñas mayores y yo tuvimos una fiesta de té en mi pequeño apartamento (4.57 por 4.88 metros) y disfrutamos al pasar un tiempo juntas.

DERECHA: Avis y Milagros: Milagros, en nuestra Casa más antigua de los niños. Ella llegó a nosotros muy abatida con su hijo de cuatro años. Ella es una mujer joven y sorprendente que, a través de Jesús, ha tomado cada pequeña oportunidad y la ha construido para Él. Milagros habla con fluidez el inglés y está en su cuarto semestre en la Universidad con el objetivo de convertirse en psicóloga.

ARRIBA: La tienda que empezamos en la casa de Flor: Hemos invertido en el stock para el inicio de la tienda, y ahora ha crecido. También invertimos en una tienda de Yolanda, y además, lo está haciendo bien.

ABAJO: El estudio de la Biblia de las mujeres en la casa de Flor: Nos reunimos todos los sábados para el Estudio Bíblico y el compañerismo. Estas mujeres viven en casas hechas de bambú, cartón y plástico con piso de tierra y sin agua corriente, pero son ricas en Jesús.

ARRIBA: Mandy está repartiendo la bebida y las galletas en la Casa de Niños: Es uno de los tres grupos que están afuera de la casa de Flor, mientras que las mujeres se encuentran en el interior; hay unos cincuenta niños en total.

DERECHA: Los niños en EE.UU.: Nuestros cinco niños de la Casa con su nueva familia, los Sterlings; y nuestras dos niñas de la 'Casa de Paz' con su nueva familia, los Guiers. Los siete niños fueron adoptados por los padres de la misma iglesia en los Estados Unidos.

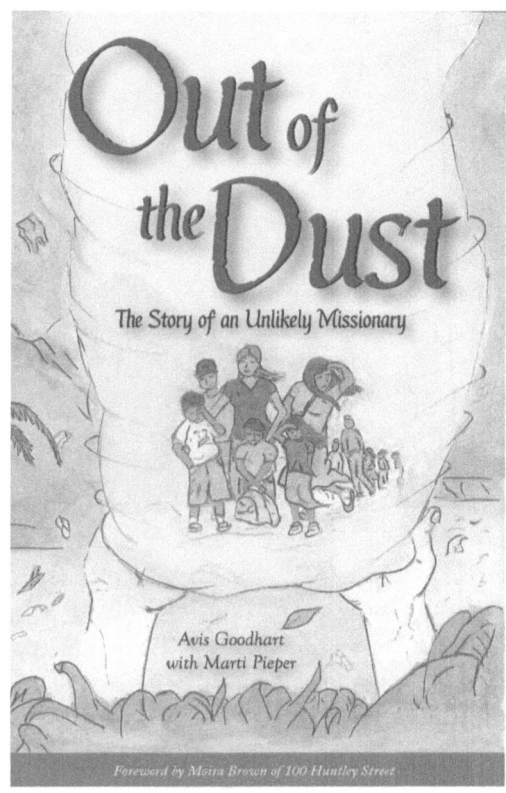

IZQUIERDA: La imagen de la carátula del hijo de Avis, Mark Morgan, que representa el Ministerio de su madre en Perú.

ABAJO: La familia Sterling y el presidente de la Universidad de Ávila en el set de The View: (de izquierda a derecha) Scott Sterling, Sibila Sterling, Logan Sterling, Yhonny Sterling, el Doctor Ronald Slepitza, Joel Sterling, Gerson Sterling, Betsi Sterling, Lauren Sterling con Laney Sterling sobre sus rodillas.

Avis Goodhart, es la fundadora de *'Go Ye Ministries'*, misionera, maestra de la Biblia y conferencista quien ha bendecido a muchas personas en las audiencias a través de Norte, Sur y Centro América. Tiene un BS.Ed y una Maestría en Educación de la Universidad de Arkansas. Dentro de sus principales capacidades se incluye el dolor y los obstáculos que se ha encontrado en el camino. Esto le ha proporcionado tanto la visión como la pasión para hacer su trabajo llevando vida a innumerables huérfanos, voluntarios y otras personas sacándolas del polvo. Avis es viuda y tiene cinco hijos y veintidós nietos.

Marti Pieper, por medio de sus oraciones fue motivada para ayudar a Brent y a Deanna Higgins para contar la historia de su hijo en un libro titulado: "*Yo Moriría por Ti*", que se convirtió en *Bestseller* entre los jóvenes adultos. Marti, quien tiene un BS.Ed., de la Universidad Estatal de Ohio y una Maestría en Divinidades del Seminario Teológico Bautista del Suroeste, ha escrito múltiples libros y frecuentemente enseña en conferencias para escritores.

Secuestro y Reconciliación

El Testimonio personal de casi cinco meses en poder de la guerrilla Colombiana.

Este libro relata la aventura cristiana realmente apasionante de Martín Stendal, cuando estaba cumpliendo su trabajo como aviador y misionero, fue secuestrado y pasó por mil peripecias que pusieron en peligro su vida.

Es un libro en que se ve la mano Providencial y Paternal de Dios, cuidando a sus siervos. En este libro se une la aventura, el valor humano y la presencia de Dios en cada momento.

Este libro siendo de un interés excepcional, muestra los caminos de servicio que muchos jóvenes pudieran imitar.

El protagonista de esta historia después de ser rescatado, está consagrando su vida a la Campaña de la Reconciliación de la Familia.

En la *Biblia del Jubileo 2000*, para no tener que depender de diccionarios teológicos o materiales de referencia, el uso y el contexto tiende a definir cada palabra clave. Se prestó una atención cuidadosa por traducir correctamente el uso principal de cada palabra clave, mediante la primera aparición. Por lo tanto, emerge un patrón sorprendente en la forma en que la palabra hace su recorrido por el Antiguo Testamento y al realizar la comparación con la palabra Griega correspondiente en el Nuevo Testamento. La Biblia del Jubileo es la única traducción que conocemos hoy día en la cual cada palabra Hebrea coincide y se empareja con una palabra en Español única para que su uso, número de repeticiones y número de versículos en donde la palabra aparece, establezca ambos: un patrón de número significativo y una definición completa de lo que Dios quiere decir con esa palabra.

www.ingramcontent.com/pod-product-compliance
Lightning Source LLC
Chambersburg PA
CBHW030316080526
44584CB00012B/591